"十二五"国家重点图书出版规划项目

文化系列

图书馆史话

A Brief History of Modern Library in China

吴晞 著

社会科学文献出版社
SOCIAL SCIENCES ACADEMIC PRESS (CHINA)

《中国史话》编辑委员会

主　　任　陈奎元

副 主 任　武　寅　高　翔　晋保平　谢寿光

委　　员　（以姓氏笔画为序）
　　　　　　卜宪群　马　敏　王　正　王　巍
　　　　　　王子今　王建朗　邓小南　付崇兰
　　　　　　刘庆柱　刘跃进　孙家洲　李国强
　　　　　　张国刚　张顺洪　张海鹏　陈支平
　　　　　　陈春声　陈祖武　陈谦平　林甘泉
　　　　　　卓新平　耿云志　徐思彦　高世瑜
　　　　　　黄朴民　康保成

秘 书 长　胡鹏光　杨　群

副秘书长　宋月华　薛增朝　黄　丹　谢　安

总　序

　　中国是一个有着悠久文化历史的古老国度，从传说中的三皇五帝到中华人民共和国的建立，生活在这片土地上的人们从来都没有停止过探寻、创造的脚步。长沙马王堆出土的轻若烟雾、薄如蝉翼的素纱衣向世人昭示着古人在丝绸纺织、制作方面所达到的高度；敦煌莫高窟近五百个洞窟中的两千多尊彩塑雕像和大量的彩绘壁画又向世人显示了古人在雕塑和绘画方面所取得的成绩；还有青铜器、唐三彩、园林建筑、宫殿建筑，以及书法、诗歌、茶道、中医等物质与非物质文化遗产，它们无不向世人展示了中华五千年文化的灿烂与辉煌，展示了中国这一古老国度的魅力与绚烂。这是一份宝贵的遗产，值得我们每一位炎黄子孙珍视。

　　历史不会永远眷顾任何一个民族或一个国家，当世界进入近代之时，曾经一千多年雄踞世界发展高峰的古老中国，从巅峰跌落。1840年鸦片战争的炮声打破了清帝国"天朝上国"的迷梦,从此中国沦为被列强宰割的羔羊。一个个不平等条约的签订,不仅使中国大量的白银外流,更使中国的领土一步步被列强侵占,国库亏空,民不聊生。东方古国曾经拥有的辉煌,也随着西方列强坚船利炮的轰击而烟消云散,中国一步步堕入了半殖民地的深渊。不甘屈服的中国人民也由此开始了救国救民、富国图强的抗争之路。从洋务运动到维新变法,从太平天国到辛亥革命,从五四运动到中国共产党领导的新民主主义革命,中国人民屡败屡战,终于认识到了"只有社会主义才能救中国,只有社会主义才能发展中国"这一道理。中国共产党领导中国人民推倒三座大山,建立了新中国,从此饱受屈辱与踩躏的中国人民站起来了。古老的中国焕发出新的生机与活力,摆脱了任人宰割与欺侮的历史,屹立于世界民族之林。每一位中华儿女应当了解中华民族数千年的文明史,也应当牢记鸦片战争以来一百多年民族屈辱的历史。

当我们步入全球化大潮的21世纪,信息技术革命迅猛发展,地区之间的交流壁垒被互联网之类的新兴交流工具所打破,世界的多元性展示在世人面前。世界上任何一个区域都不可避免地存在着两种以上文化的交汇与碰撞,但不可否认的是,近些年来,随着市场经济的大潮,西方文化扑面而来,有些人唯西方为时尚,把民族的传统丢在一边。大批年轻人甚至比西方人还热衷于圣诞节、情人节与洋快餐，对我国各民族的重大节日以及中国历史的基本知识却茫然无知，这是中华民族实现复兴大业中的重大忧患。

中国之所以为中国，中华民族之所以历数千年而不分离，根基就在于五千年来一脉相传的中华文明。如果丢弃了千百年来一脉相承的文化，任凭外来文化随意浸染，很难设想13亿中国人到哪里去寻找民族向心力和凝聚力。在推进社会主义现代化、实现民族复兴的伟大事业中，大力弘扬优秀的中华民族文化和民族精神，弘扬中华文化的爱国主义传统和民族自尊意识，在建设中国特色社会主义的进程中，构建具有中国特色的文化价值体系，光大中华民族的优秀传统文化是一件任重而道远的事业。

当前，我国进入了经济体制深刻变革、社会结构深刻变动、利益格局深刻调整、思想观念深刻变化的新的历史时期。面对新的历史任务和来自各方的新挑战，全党和全国人民都需要学习和把握社会主义核心价值体系，进一步形成全社会共同的理想信念和道德规范，打牢全党全国各族人民团结奋斗的思想道德基础，形成全民族奋发向上的精神力量，这是我们建设社会主义和谐社会的思想保证。中国社会科学院作为国家社会科学研究的机构，有责任为此作出贡献。我们在编写出版《中华文明史话》与《百年中国史话》的基础上，组织院内外各研究领域的专家，融合近年来的最新研究，编辑出版大型历史知识系列丛书——《中国史话》，其目的就在于为广大人民群众尤其是青少年提供一套较为完整、准确地介绍中国历史和传统文化的普及类系列丛书，从而使生活在信息时代的人们尤其是青少年能够了解自己祖先的历史，在东西南北文化的交流中由知己到知彼，善于取人之长补己之短，在中国与世界各国愈来愈深的文化交融中，保持自己的本色与特色，将中华民族自强不息、厚德载物的精神永远发扬下去。

《中国史话》系列丛书首批计200种，每种10万字左右，主要从政治、经济、文化、军事、哲学、艺术、科技、饮食、服饰、交通、建筑等各个方面介绍了从古至今数千年来中华文明发展和变迁的历史。这些历史不仅展现了中华五千年文化的辉煌，展现了先民的智慧与创造精神，而且展现了中国人民的不屈与抗争精神。我们衷心地希望这套普及历史知识的丛书对广大人民群众进一步了解中华民族的优秀文化传统，增强民族自尊心和自豪感发挥应有的作用，鼓舞广大人民群众特别是新一代的劳动者和建设者在建设中国特色社会主义的道路上不断阔步前进，为我们祖国美好的未来贡献更大的力量。

陈奎元

2011年4月

出版说明

自古至今，始终坚持不懈地从漫长的文明进程中不断总结历史经验教训，从中汲取有益营养，从而培植广阔的历史视野，并具有浓厚的历史意识，这是我们中国文化独有的鲜明特征，中华民族亦因此而以悠久的"重史"传统著称于世。在整个人类文明史上独一无二、系统完备的"二十四史"即证明了这一点。

中华人民共和国成立后，历史知识普及工作被放到十分重要的位置。20世纪五六十年代，著名历史学家吴晗主持编写的《中国历史小丛书》，90年代中国社会科学院院长胡绳组织编写的《中华文明史话》和《百年中国史话》，成为"大家小书"的典范，而后两套历史知识普及丛书正是《中国史话》之缘起。

2010年年初，为切实贯彻中央关于"做好历史知识普及工作"的指示精神，同时也为了更好地弘扬中国传统文化，我们对《中华文明史话》和《百年中国史话》

两套丛书的内容进行了修订和增补,重新设计框架,以"中国史话"为丛书名出版。第十一届全国政协副主席、时任中国社会科学院院长陈奎元亲任《中国史话》一期编委会主任,时任中国社会科学院副院长武寅任编委会副主任。正是有了各级领导的关心支持和诸多学术名家的积极参与,《中国史话》一期200种图书得以顺利出版,并广受好评。

《中国史话》丛书的诞生,为历史知识普及传播途径的发展成熟,提供了一种卓具新意的形式。这种形式具有以通俗表述、适中篇幅和专题形式展现可靠历史知识的特征。通俗、可靠、适中、专题,是史话作品缺一不可的要素,也是区别于其他所有研究专著、稗官野史、小说演义类历史读物的独有特征。

囿于当时条件,《中国史话》一期的出版形式不尽如人意,其内容更有可以拓展的广阔空间,为此2013年4月我们启动了《中国史话》二期出版工作。《中国史话》二期分为经济、政治、文化、社会和生态五大系列,拟对中国各区域、各行业、各民族等的发展历史予以全方位介绍。我们并将在适当时机,启动《世界史话》的出版工作。史话总规模将达数千种。

我们愿携手海内外专家学者,将《中国史话》《世界史话》打造成以现代意识展现全部人类历史和人类文明,集学术性、知识性、趣味性于一体的"万有文库";

并将承载如此丰厚内容的史话体写作与出版努力锻造成新时期独具特色的出版形态。

希望史话丛书能在形塑民族历史记忆、汲取人类文明精华、培育现代国民方面有所贡献,并为广大读者所喜爱。

史话编辑部

2014 年 6 月

作者简介

吴晞，1982年北京大学图书馆学系毕业。曾任北京大学研究馆员，文化部图书馆司文献资源处处长，1998~2012年任深圳图书馆馆长，现深圳市图书情报学会理事长。

主要兼职：广东省图书馆学会副理事长，中国图书馆学会常务理事、阅读推广委员会主任，《公共图书馆》主编，《中国图书馆学报》编委、副主编，公共图书馆研究院执行院长，北京大学兼职教授，中山大学兼职硕士生导师，深圳市政协委员。

主要荣誉职务：美国图书馆学会（ALA）和美国公共图书馆学会（PLA）荣誉会员，文化部优秀专家，全国优秀科技工作者，深圳市政府专家，深圳市高层次人才。

主要业绩：多次领衔国家级、省部级科研项目和国家社科基金项目，两次荣获文化部"中国文化创新奖"（2005和2009），以及文化部"群星奖"（2010）。

对图书馆学诸多领域有较深造诣和研究，出版专著15部、译著2部,发表论文100余篇。

曾获"文献资料智能排架分拣运送装置"、"图书馆自助终端"等五项国家专利,第一发明人。

目录 Contents

绪论：中国图书馆百年 ·· 1

一 文明渊薮 ·· 6
  1. 中国古代文献及其收藏 ·· 6
  2. 藏书、藏书楼和图书馆 ·· 8

二 西风东渐 ·· 15
  1. 西方现代图书馆的产生 ·· 15
  2. 传教士与中国图书馆 ·· 18

三 悚然惊梦 ·· 32
  1. 新型图书馆的启蒙 ·· 32
  2. 梁启超与中国图书馆 ·· 36

四 冲破藏书楼 ·················· 45
1. 京师同文馆 ·················· 45
2. 强学会书藏 ·················· 47
3. 官书局藏书院 ················· 49
4. 古越藏书楼 ·················· 50

五 群星璀璨 ···················· 54
1. 京师大学堂藏书楼 ·············· 54
2. 各省官办公共图书馆及京师图书馆 ······ 62
3. "五四"时期的北京大学图书馆 ········ 69
4. 文华公书林 ·················· 79
5. 涵芬楼及东方图书馆 ············· 86
6. 燕京大学图书馆 ················ 91
7. 西南联大图书馆 ················ 100

六 大师名家 ···················· 107
1. 文献编纂 ···················· 107
2. 图书馆管理 ·················· 113
3. 学术研究 ···················· 121
4. 专业教育 ···················· 126

七 走向现代化 ·················· 132
1. 近六十年中国图书馆发展回顾 ········ 132
2. "国图事件"、"苏图事件"和"杭图事件" ···· 138
3. 服务社会：现代图书馆的价值观 ······· 142
4. 传承文明：现代图书馆的社会功用 ······ 147

5. 全民阅读时代的图书馆 …………………… 152
6. 数字化时代的图书馆 ……………………… 159
7. 现代化的范例：深圳图书馆 ……………… 167

八　附录 ………………………………………… 182
　　附录1　公共图书馆宣言 ……………………… 182
　　附录2　图书馆服务宣言（2008） …………… 185

参考书目 ………………………………………… 187

后记 ……………………………………………… 189

绪论：中国图书馆百年

中国的图书馆经历了百年沧桑。

百年倏忽也好，百年漫漫也罢，是人们从不同视角看到的历史映像。而今蓦然回首，我们看到的中国现代图书馆百年历程，是一条百转千回的曲折道路，既跌宕起伏，又峰回路转，别有一番绵延迤逦的风光。本书要做的，就如同苏东坡的诗句"流年自可数期颐"（"期颐"即百年之谓），淡然、平静、公正地回顾这段历史。

中国古代文献收藏的历史源远流长，然而现代图书馆的源头却在西方。

西方现代图书馆的诞生，始自新型公共图书馆，这也是现代图书馆有别于古代和中世纪的图书馆的标志。而公共图书馆的出现又是社会民主、公民权利、社会平等和信息公正等现代人文意识成熟的结果，是社会发展到一定阶段的产物。19世纪中期的英国首先具备了这样的社会条件。1852年英国曼彻斯特公共图书馆成立，它的问世被认为是世界公共图书馆诞生的标志。此后西方世界兴起了长达一个世纪的"公共图书馆运动"。这个运动在美国的发展尤为迅猛,19世纪末及20世纪初,"钢铁大王"卡内基在全世界捐资建立起2500多所图书馆,其中大部分是公共图书馆。1949年,联合国教科文组织通过了《公共图书馆宣言》,正式表达了世界文化知识界和图书馆界的基本立场,在全世界范围内形成了对图书馆的普世共识。

西风东渐,泽被东土,但又带来了血雨腥风,因为这一切都是伴随着侵略战争、不平等条约和频发的教案等一系列屈辱和国耻而来的。在中国最早出现的新型图书馆,大多与外国租界当局和外国传教士相关联。这些被泥沙俱下的历史潮流挟裹而进入中国社会的外来新式图书馆,尽管不是出于中国人自愿,却成为中国现代图书馆最早和最直接的启蒙范例。

这样就有了中国的第一次"新图书馆运动",肇始于19世纪末和20世纪初,其兴起也与近代史上列强入侵和民族危亡息息相关。最为直接的成因就是中日甲午战争失败和《马关条约》签订给中国社会带来的极大冲击。正如康有为所说:非经甲午之役,割台偿款,创巨痛深,未有肯幡然而改者。梁启超也说:唤起支那四千年之大梦,实自甲午一役也。在亡国灭种的威胁下,中华民族的有识之士终于挣脱开千年传统的束缚,把目光投向了西方,开始走上学习西学、变法图强的道路,而建立"新式藏书楼"则逐渐成为朝野共识。创建于1898年(戊戌年)的京师大学堂藏书楼就是戊戌变法的直接产物,也是此次百日维新失败后的孑遗。

更大的民族灾难"庚子之变",让国家付出了沉重的代价,也几使清朝统治集团陷入灭顶之灾。这种形势直接催生了"清末新政",兴办图书馆就是新政的重要内容。至宣统二年(1910)《京师图书馆及各省图书馆通行章程》颁布之时,京师及多数行省均已建立起大型官办图书馆,一些文教发达的地方还出现了诸多的官学图书馆(学校图书馆)和平民图书馆。可以说,第一次"新图书馆运动"肇始于戊戌维新,完成于清末新政,奠定了现代中国图书馆事业的基础,并形成了良好的发展势头,一发而不可收。中国百年图书馆之史,自此方兴。

遗憾的是,中国图书馆的发展并未由此进入坦途,而是有着太多的弯路和跌宕。

民国时期是中国图书馆发展和成熟的阶段,也有斐然的成就,却不幸而逢多事之秋。频仍的兵燹战乱和政治动荡给图书馆事业带来了无法克服的障碍,尤其是日本侵略者悍然发起侵华战争,生生扼断了图书馆正常发展之路。诸多图书馆学者和有识之士虽有真知灼见,却难免有"空留纸上声"之憾。

新中国成立后,图书馆有了长足的进展,提出了诸如"向科学进军""为工农兵服务"等裨益事业发展的方针。但由于时代所限,亦难逃历次政治运动的强烈干扰。而且这种关起门来的发展方略日渐与国际主流脱节,甚至渐行渐远,国际上通行的理念、方法、技术无法为国内图书馆界所知晓、所应用,还人为地设立了种种禁区和壁垒。至"文革"祸起,文脉已断,黄钟弃毁,瓦釜雷鸣,图书馆亦堕入万劫不复之境地。

"文革"结束后,图书馆事业进入复苏和繁荣的新时期,出现了欣欣向荣的局面。与此同时,却又受到市场经济大潮的无情冲击,致使经营创收、"以文养文"等种种弊端一时成为风气。于是"有偿服务"盛行,各种收费和变相收费成了图书馆的重要经济来源,还为读者设立了形形色色不平等的门槛。这一时期,馆舍设备条件的极大改善和办馆方针上的乱象丛生,形成了鲜明的对比。

中国图书馆历史上的第二次"新图书馆运动",或曰图书馆现代化的进军之旅,就是在这样的背景下起步的。没有官方的授意,也没有人蓄意发起,一切都是瓜熟蒂落,水到渠成。这是我们这一代图书馆人亲身经历和亲手创造的历史。

21世纪初,先是学界鼓吹国际上普世的图书馆理念,倡导图书馆的基本精神和核心价值。与此同时,一些敢为天下先的城市图书馆大胆探索践行,提出了"开放、平等、免费"等拨乱反正的办馆方针,锐意改革,勇除弊端,走出了一条新型的、符合国际发展趋势的道路,亦即现代化图书馆之路。

这些先进的理念和做法最终演变成为国家的政策方针。近年来,中央和地方政府陆续出台了一系列政策文件,明确将图书馆定性为公益文化单位,将图书馆的基本服务公益化、普遍化、均等化。正是这场源于业界精英、起自基层、自下而上的运动,改变了中国图书馆的轨迹,使其走上了正确的发展道路。恰如有识之士指出的,通过业界的努力,将现代图书馆的精神、理念变为国家的政策方针,使全国图书馆朝着正确的方向发展，是21世纪中国图书馆事业的最大成就。

本书力图展现中国图书馆的百年风貌，但它不是一部全面系统的中国现代图书馆历史。考虑到本书的史话性质，针对的又是非图书馆专业的读者，故阐述的重点是19世纪末期和20世纪初年中国现代图书馆的产生与发展，以及相关的社会、历史和文化因素。这种"历史"式的叙述大体截至20世纪上半叶，亦即新中国成立之前。作史要有距离感，许多事物要经过一段时光的磨砺才会清晰可见，时间会使我们具有历史的眼光。然而20世纪下半叶尤其是21世纪以来的中国图书馆发展也不是无关紧要的，而是中国的图书馆之所以能够有今日之面貌的不可或缺的重要历程。本书采取的方针，是以"走向现代化"来总括其成，全景式地展现中国当代图书馆的总体面貌，重点阐述有关现代化图书馆的理念和价值观，最后以深圳图书馆作为范例来加以佐证和说明。

其实图书馆既与社会历史文化的发展紧密相连，也与每个读书人息息相关，毕竟图书馆属于社会大众，属于天下读书人。但多年来图书馆学的相关研究却多囿于专业的框框内，鲜有针对普通读者的图书馆知识普及读物。在本书中，作者力图从普通读书人的视角，追求生动鲜活的文风，有故事，有人物，有历史风貌，尽量避免专业化的论述。读者不妨将本书视为有关图书馆的故事集成。诸公在阅读此书时，如果感觉就像是一位白发图书馆员在娓娓讲述图书馆的故事，就不枉作者之初衷与苦心了。

一　文明渊薮

1　中国古代文献及其收藏

中国是文明古国，也是文献大国。我们的祖先留下的博大精深、丰富多彩的文化遗产，大多是通过各种文献流传至今的。文献就是文明的载体。

早在中华文明初始之时就出现了文献，甚至在文字产生之前，就有了《河图》《洛书》《连山》《归藏》这样的以图画符号为主的占卜之书。前人曾这样归纳先秦的文献："书于竹帛，镂于金石，琢于盘盂，传遗后世子孙者知之。"（《墨子》卷八）此外还应再加上"刻于甲骨"。这样我们就知道了在纸张和印刷术出现之前，我国早期文献的六种形态是陶文、甲骨文、金文、玉石刻辞、简策和帛书，其中最为多见的是简策和帛书。这是中华文明独到的文献载体，而西方古代文献的三种主要形态是泥版文书（Clay Tablet）、纸莎草（Papyrus）和羊皮纸（Parchment）。

有了文献，就有了相应文献收藏制度。根据文献记载和考古发现，商周时期就已经有了"史官"制度，专门从事典籍的编撰、管理与保存。这些史官乃是要职，史官所掌握的典籍也是国家的重器。史载，夏朝将要灭亡之时，太史令终古携带典籍"出奔如商"；殷商将要灭亡之时，内史向挚也带着典籍"出亡之周"（《吕氏春秋·先识览》），可见文献在当时的重要地位。关于古代文献的重要性还有一个著名的故事。秦汉之际，刘邦军队率先攻入咸阳，将领们都去争抢金银财帛，唯独萧何抢先把秦王朝的律令图书收藏起来。日后证实了萧何的远见卓识，"汉王所以具知天下厄塞，户口多少，强弱之处，民所疾苦者，以（萧）何具得秦图书也"（《史记·萧相国世家》）。

大约从两汉开始，我国古代的藏书制度就开始成熟，形成了官府藏书、私家藏书和书院藏书三大类型。

官府藏书是最早形成的藏书制度。西周之前基本上是"学在官府"的局面，亦称"学术官守"，相应在文献上则是"官守其书"，文化、教育和典籍均为官府垄断，王朝史官制度即是其表现。从两汉直至明清，官府藏书兴盛繁荣，成为我国古代藏书的主流。史载，汉武帝时期"建藏书之策，置写书之官，下及诸子传说，皆充秘府"（《汉书·艺文志》），从此而形成了一整套藏书收集、整理、编撰、校勘的制度，历代王朝皆遵守为定制，一直沿袭了两千多年。

私家藏书起源于春秋战国时期。先师孔子以其毕生的教育活动,变"学术官守"为"学在民间",打破了"官学合一"的局面。《庄子》载"惠施多方,其书五车",《墨子》称"今天下之士君子之书不可胜载",都是当时私人藏书兴起的事例。隋唐之后,随着纸张和印刷术的发明和普及,私家收藏逐渐蔚为大观,出现了许多著名的藏书家和藏书楼。私家藏书保存了大量文籍,培养了社会读书之风,促进了民间学术发展,其历史功绩不可埋没。

书院是中国特有的教育组织,兼有教育、研究、讲学和出版多种功能,藏书是书院的重要物质保障。书院源起于唐代,宋代以后尤其发达,明清两朝的书院都超过了千所。书院藏书除购买添置外,还有朝廷赏赐和官员捐献,另外还印制许多本院学者的著述和讲义,别具特色。书院藏书可在院内师生中公开借阅,发挥了很大的教育功能。晚清时许多书院改为学堂,其藏书也成为学校图书馆。

除了官府藏书、私家藏书和书院藏书这三大类型外,中国古代文献中还有寺院藏书。佛教有寺庙的佛藏,道教有宫观的道藏,后来还有了基督教和伊斯兰教的堂院藏书。这些藏书比较另类,管理上较为封闭,难以与其他藏书融合,这里就不赘述了。

2 藏书、藏书楼和图书馆

我国古代藏书的场所称藏书楼,近代以来新型的文献收藏机构称图书馆,这一历史变化的过程被称为从藏书楼到图书馆的转变。这是通常的说法，也是图书馆史研究的专业术语。

细究起来，将我国古代的文献收藏称为"藏书"更为恰当。如上文所述，藏书是个由来已久的古老的文化现象。《史记·老子韩非列传》称："（老子）周守藏室之史也。"司马贞《史记索引》注："藏室史，周藏书室之史也。"这就是藏书一词的最早出处。老子所职掌的周王室藏书室，也是文献记载中最古老的正式的藏书机构，老子就相当于周王朝国家图书馆的馆长。

"藏书"一词，实际上便是我国古代文献收藏的总称，也是前人的一贯说法。例如"建藏书之策，置写书之官"（《汉书·艺文志》），"藏书之盛，莫盛于开元"（《新唐书·艺文志》）等诸多记载，便是例证。

至于"藏书楼"一词，则是一种较为晚出的说法。藏书楼之称究竟出现于何时，目前似乎还很难确切考定，但不会早于唐宋之际，并且发源于私家藏书。据《新唐书·李邕传》记载："……（李邕）家有书至万卷，世号李氏书楼。"又据《郡斋读书志》载："（孙长孺）喜藏书，贮以楼，蜀人号书楼孙氏。"这两处唐代的私人藏书，大概就是最早被称作藏书楼的文献收藏了。

明清之际，私人藏书进入了鼎盛时代，藏书楼之称便开始风行一时。私人藏书家们往往要将自己的藏书之所标之以"××楼""××阁"的雅称，就是一些没有多少文献收藏的士大夫们，也常常为其书斋取个藏书楼的名号以附庸风雅。这种风气甚至也影响到了官方的藏书，许多皇家和官府的藏书机构也开始仿效民间的藏书楼,冠之以各式藏书楼的名号。这样一来,"藏书楼"就成了古代各类文献收藏的统称。就是近代问世的一些早期新型图书馆,往往也标之以藏书楼之名,如京师大学堂藏书楼、古越藏书楼、皖省藏书楼等。

与藏书楼源远流长的历史相反,"图书馆"在中国是个完完全全的外来名词和近代文化现象。图书馆一词,在西方语言中基本上有两种说法,一个是 Library,另一个是 Bibliotheca。Library 源自拉丁语的 Liber,意为树皮。因为树皮曾用作书写的材料,所以在意大利语中把书店叫 Libraria,而法语中则把书店称作 Libraries。这个词后来由法语进入英语,就成了 Library。而 Bibliotheca 一词源自希腊语 Biblos,即书籍,由书写材料"纸莎草"(Papyrus)的希腊语读音而来。后来对于存书的场所,希腊语叫 Bibliothek,拉丁语则称 Bibliotheca,在德语、法语、意大利语、西班牙语中均用这一词称图书馆,只是在拼法上有些小差别。对于 Library 或 Bibliotheca,中国人最初译为"藏书楼"或"公共藏书楼"。

中文"图书馆"一词的直接来源出自日文"図書館(ライブラソー)",最初是由梁启超引进中国来的。1896 年 9 月在梁启超主编的《时务报》上,首次出现了"图书馆"一词。但是这一新的提法似乎并没有马上为国人所接受,一些早期的近代图书馆仍以"藏书楼"称之者居多,也有的称"书藏""书籍馆""图书院""藏书院"等。从 20 世纪初起,使用图书馆一词的文献和机构才开始多了起来。例如,1900 年 9 月的《清议报》上就有一篇名为《古图书馆》的文章；1901年6月的《教育世界》也刊登了一篇《关于幼稚园盲哑学校图书馆规则》。

1903年，清政府颁发了管学大臣张百熙主持制定的高等教育纲领《奏定大学堂章程》，其中提到："大学堂当附属图书馆一所，广罗中外古今图书，以资考证"，并规定其主管人为"图书馆经理官"。这是图书馆一词第一次被官方文件所正式采用。《奏定大学堂章程》颁布后，原京师大学堂藏书楼便改名为京师大学堂图书馆，藏书楼的主管人也由"提调"改称图书馆经理官。这是我国第一个采用图书馆名称的正式官方藏书机构。直到1904年，湖南图书馆、湖北图书馆和福建图书馆相继成立，图书馆的名称才开始在社会上通行，其后各地出现的各种新型藏书处所多数都标之以图书馆之名。1909年，京师图书馆（今国家图书馆）奉旨筹建，清政府又随之颁发了《京师图书馆及各省图书馆通行章程》，这样才使得图书馆的名称在我国最后确立下来。

厘清藏书、藏书楼和图书馆的含义及其关联与区别，是为了澄清这样一个史实：中国古代的藏书、藏书楼与近现代图书馆是两种不同属性的事物；中国的图书馆是西方思想文化传入的产物，亦即"西风东渐"的结果，不是"中华古已有之"的。

中国是世界上文献保存数量最多、内容最为丰富连贯的文献大国，藏书楼则是这些文献的载体，是华夏文化的骄子，也是中华文明赖以存在和流传的基本因素。与世界上任何一种古代和中世纪文明中的文献收藏相比,我国古代的藏书均毫不逊色,并独具异彩。但这些因素并不能催生出新型的近现代图书馆。古代的藏书楼至多可以看作是中国图书馆的历史渊源,但不是它的母体和前身。

新型图书馆的本质特征是公益性、公共性,其表现就是面向社会普遍开放;而旧式藏书楼属于私人所有,或是皇家、官府等少数人占有,其主要特点必然是封闭的。

从历史发展看,在古代藏书初兴的殷周二朝,是"学在官府"或"学术官守"的文化垄断,反映在藏书方面,则是"官守其书"的局面,贵族统治者之外的广大民众是与文化、图书无缘的。春秋末年,孔子通过毕生的文化教育活动,实现了从"学在官府"向"学到民间"的转变,使得众多的平民有了拥有、阅读图书的可能,这是我国文献收藏史上的第一次大变革。东汉以来,纸张发明并逐渐成为图书文献的主要载体,使图书的传抄和普及变得更为容易和廉价,于是社会上开始有了一些官府藏书之外的各种文献收藏,这是我国文献收藏史上的第二次大变革。唐宋之际,雕版印刷术发明并在全社会普及,促进了书籍的生产和流通,致使文献的收藏和利用水平又大大提高了一步,各种类型的藏书楼骤然增多,这是我国文献收藏史上的第三次大变革。但是,通过这三次变革,只是增加了社会上图书和图书收藏的数量,却基本上没有改变藏书楼"门虽设而常关"的封闭状态。

明代著名藏书家祁承爠的澹生堂藏书楼便是一个典型的例子。祁承爠对自己的子孙及其藏书楼的管理有着明确的规定:

> 子孙能读者,则以一人尽居之;不能读者,则以众人遵守之。入架者不复出,蠹啮者必速补。子孙取读者,就堂检阅,阅毕则入架,不得入私室。亲友借观者,有副本则以应,无副本则以辞,正本不得出密园外。……勿分析,勿复鬻,勿归商贾手。(祁承㸁《澹生堂藏书约》)

不难看出,祁氏对其藏书楼采取的是严格的封闭措施,连子孙、亲友都要受到限制,外人自然就更无缘问津了。

而享誉明清两代的藏书楼范氏天一阁,其措施更为严厉苛刻:

> 司马(天一阁创始人范钦)殁后,封闭甚严,继乃子孙各房相约为例,凡阁厨锁钥,分房掌之,禁以书下阁楼,非各房子孙齐至,不开锁。子孙无故开门入阁者,罚不与祭三次;私领亲友入阁及擅开厨者,罚不与祭一年;擅将书借出者,罚不祭三年;因而典鬻者,永摈逐不与祭。(阮元《宁波范氏天一阁书目序》)

藏书楼的图书竟然连子孙都不准入内阅读,已经和守财奴埋着金银饿肚皮无异,与文献收藏的本来意义相去何止十万八千里。

澹生堂和天一阁只不过是两个典型的例子,类似的封闭措施在古代为数众多的藏书楼中属于常态,是极为普遍的现象。当然,这种现象的出现和蔓延并不都是藏书家自身的过失,藏书家们集聚、保存图书典籍的苦心孤诣和历史功绩也不可一笔抹杀。归根结底，藏书楼是小生产文化方式的产物，不可能形成面向整个社会的文献信息体制，也不可能承担起服务公众的社会化任务。这是我们不能苛求于前人的。

古代的藏书家并非全都是守财奴式的角色，也有卓尔不群者。例如明末清初的藏书家曹溶，就曾尖锐批评藏书家"以独得为可矜，以公诸世为失策"的褊狭传统，以致古书"十不存四五"。他写了一部《流通古书约》，倡议藏书家之间互通有无，使"古籍不亡"，以免因秘不示人遭湮灭。清代乾隆年间，还有一位学者兼藏书家周永年，大胆提出了"儒藏说"，提倡"天下万世共读之"；还建立了"藉书园"，专门为"穷乡僻壤，寒门窭士"等贫寒书生提供可读之书，"使学者于以习其业，传钞者于以流通其书，故以藉书名园"，实属难能可贵。然而这样的藏书家在中国古代尚属凤毛麟角，其视野和影响均有限，无法得到广泛的社会认同，其举措也难以延续。他们只是旧事物的叛逆者，却不能成为新事物的创建人。

只有新型的现代公共图书馆才能完成向全社会平等开放、提供文献信息服务的使命。这是中国文献收藏史上第四次也是迄今为止最为重大的一次变革。变革的结果便是旧式藏书楼寿命的终结，新型图书馆历史的开端。

二 西风东渐

1 西方现代图书馆的产生

西方图书馆的历史悠久,源远流长。

早在公元前4000年左右,美索不达米亚平原就有了大量的文献收藏,当时的文献形态主要是书写在泥版上的楔形文字,称"泥版文书"。亚述王国时期规模宏大的尼尼微图书馆已为考古发掘所证实。同样历史久远的还有古埃及的图书馆,其收藏除了泥版文书外,还有纸莎草、皮革等作为文献的载体。及至古希腊和古罗马时期,图书馆已经普及,亚里士多德的学园图书馆名噪一时,著名的亚历山大图书馆兴盛了几百年之久,甚至在雅典、罗马等大城市中还出现了对部分市民实行某种程度开放的公共图书馆。

西方图书馆的历史虽然长久,但西方古代及中世纪的图书馆与我们今天意义上的现代图书馆是有重大差异的,其中公共图书馆及其理念的出现是重大的分野和标志。

尽管"公共图书馆"这一名称在西方古代文明中早已出现,但真正意义上的公共图书馆只能出现于现代社会,是社会发展到一定阶段的产物。此前,所有的图书馆,包括一些冠之以公共图书馆名义的图书馆,都有特定的服务对象,或是皇家成员、达官贵胄,或是神职人员、学院师生,或是有特定身份的市民,而非社会所有成员。新型公共图书馆的产生实际上是社会民主、公民权利、社会平等和信息公正等现代人文意识成熟的结果,也是历史发展到一定阶段才有的产物。

19世纪中叶的英国首先具备了这样的社会条件。1852年,英国曼彻斯特公共图书馆成立。曼彻斯特公共图书馆是世界上首个现代意义上的公共图书馆,它的问世是公共图书馆诞生的标志,也是西方现代图书馆的历史起点。

当时英国有一位名叫爱德华兹的图书馆员,他被后世称为现代公共图书馆的理论奠基人和先行者。爱德华兹出身贫苦,自学读书成才,做过大英博物馆和图书馆的编目员,以毕生之力,为倡导和实现公共图书馆的理想而不懈奋斗。在他的努力下,英国下议院于1850年通过了一个法案,授权地方议会为免费图书馆征税。这就是人们常说的世界第一部公共图书馆法,它标志着公共图书馆制度的正式确立。曼彻斯特公共图书馆就是依照此法率先建立的,爱德华兹出任了首任馆长。因此,可以说公共图书馆是在近现代公民社会建立的过程中应运而生的。

曼彻斯特公共图书馆的诞生,当时并不是轰动一时的事件，除了大文豪狄更斯参加了曼彻斯特公共图书馆开幕式还做了演讲，并没有多少引人注目的地方。但是爱德华兹和曼彻斯特公共图书馆为后世留下了有关公共图书馆的基本精神和制度，可以归纳为：依据政府立法建立，公费支持，免费服务，以及对社会成员无区别服务。这些理念堪称经典，为其后各国公共图书馆的建立以及后来《公共图书馆宣言》的产生，奠定了基本的精神内核。

在曼彻斯特公共图书馆问世之后，亦即19世纪后期至20世纪初期，欧美各国公共图书馆迅速兴起。这一时期，仅美国钢铁大王安德鲁·卡内基就在美国、加拿大、英国捐办了2500余座公共图书馆，揭开了西方尤其是美国现代图书馆发展史上极为波澜壮阔的一幕。

继爱德华兹之后，诸多知名图书馆学家和图书馆专业工作者，如杜威、普勒、谢拉等，均对现代图书馆的理论和制度做过深入的阐述。美国图书馆协会发布了《图书馆员伦理条例》（1929）和《图书馆权利宣言》（1939），使得现代图书馆的理念日渐深入人心，逐渐成为世界各国人民所普遍接受的普世通则。1948年，联合国大会通过并颁布了著名的《世界人权宣言》，其中关于人人享有信息自由权利的主张，直接催生了《公共图书馆宣言》。

1949年，联合国教科文组织通过了《公共图书馆宣言》，正式表达了世界文化知识界和图书馆界对公共图书馆的基本立场。概括起来，《公共图书馆宣言》重点向世人阐明了三个观念：①公共图书馆是现代民主政治的产物，也是民主制度的保障和民主信念的典范；②要立法保障公共图书馆事业发展，完全或主要由公费支持；③对社区所有成员实行平等的服务，全部免费开放。

《公共图书馆宣言》在1972年和1994年又做了两次修订，内容虽然有所补充订正，但其主要精神是一以贯之的。现在通行的为1994年版，其正式名称为"国际图联/联合国教科文组织：公共图书馆宣言（1994）"（IFLA／UNESCO：Public Library Manifesto［1994］）。

《公共图书馆宣言》的问世是世界图书馆发展史上的重大事件。它既是有关公共图书馆思想理论的集大成者，又是指导现代图书馆建设的利器，对世界各国公共图书馆的发展起到了重大的推动和指导作用。

2 传教士与中国图书馆

在中国，率先跨越旧式藏书楼窠臼的新型图书馆，是西方传教士所创办的基督教图书馆。

这里讲述的是西方传教士在中国境内所创办或与之有较深关联的各类图书馆。对于这些图书馆，我们统称为基督教图书馆。需要说明的有两点：这里所说的基督教，除个别注明者外，均是广义的，包括天主教、新教、东正教及景教等诸派系，并非国内某些习惯专指的新教而言；文中所涉及的图书馆，既包括西方传教士们创办的以宗教研究和传播为目的的图书馆，也包括各种基督教会所资助、扶植或教会背景较深的社会图书馆、研究图书馆和学校图书馆。严格讲来，后者不属宗教图书馆的范畴，但由于它们均为西方传教士们所直接或间接创办，往往与前者没有明确的分界，因此一并进行介绍。

恰如上文所说，近代新型的图书馆不可能从古老的中华文明中土生土长而来，不可能从中国悠久的藏书楼传统中自行孕育并产生，它只能是"西风东渐"的产物，只能从输入西方式的模式开始。而西方传教士这一特殊的团体则在这种特殊的传播中起到了特殊的媒介作用。

据西方神学家的研究，基督教教义传入中国的时间，甚至远在基督教创立之初的公元1世纪，亦即中国的东汉年间就已经开始了。但这种基于传说的推断还称不上是信史。十字架登上赤县神州的可信时间是在唐朝，其确凿的证据便是西安出土的立于唐建中二年（781）的"大秦景教流行中国碑"。这座著名石碑现存西安碑林。在碑文中，有景教教主"占青云而载真经"，"远将经象，来献上京"的记载。另外，在敦煌鸣沙山石窟中也发现有唐代景教经文抄本多部，据这些经文记载，景教经文有530部，仅"大秦景教流行中国碑"的作者景净就译出30部。可见，早在基督教传入中国之初，便伴随着频繁的传书、藏书活动。

景教属聂斯脱利教派（Nestorianism），并非基督教之正宗，在我国中原地区流传的时间也不算太长。基督教在中国具有历史影响的传教事业，实际上始自明代中叶著名天主教耶稣会传教士利玛窦，以及他的继承者、明末清初的汤若望、南怀仁等人。这一时期的传教士们也曾在中国文献收藏史上留下了他们的足迹,其中最为重要的便是著名传教士金尼阁所创立的"教廷图书馆"。金氏曾于明万历年间两次来华传教。当他于1614年返回欧洲时,曾遍游德、法、比等国,向各方募集图书,共得到西方书籍7000余部。这些数量庞大、门类齐全的西方图书进入中国,是中西文化交流史上的大事件,并由此创立了中国境内第一个颇具规模的基督教图书馆。因此,金尼阁在其名著《基督教远被中国记》中曾称:"在中国成立了名副其实的教廷图书馆。"——这里需要说明的是,当时并无"图书馆"之称(参见第二章第二节),"教廷图书馆"是后人翻译时所用的,下文中也有很多这样的情况。

至明末清初之际,中国的基督教图书馆有了进一步的发展,在北京形成了著名的"四堂"图书馆,即南堂图书馆、东堂图书馆、北堂图书馆和西堂图书馆:

(1)南堂图书馆。南堂是葡萄牙耶稣会的教堂,建于明万历二十八年(1600),其创始人便是利玛窦。利玛窦以介绍西学为主要传教方法,所以在南堂积累了大量的宗教和科学书籍。利氏死后,南堂得到教皇保罗五世赠送的大批图书,内容有神学、哲学、法学、数学、物理及其他西方科学。清代南堂的索主教和汤主教都是图书收藏家,曾为南堂的收藏增色不少。18世纪末,中国的耶稣会奉教皇之令解散,各地天主堂的藏书都集中于南堂收藏。道光十八年(1838)南堂的书籍移至北京俄罗斯修道院。

(2)东堂图书馆。东堂也是葡属耶稣会教堂,系顺治七年(1650)皇帝所赐建。当时著述较多的传教士,如汤若望、南怀仁等人，都居住于东堂，因此他们的著作和参考书也在其中，图书的收藏十分丰富。后因战乱，东堂被焚，烬余残存者只有数册而已。

（3）北堂图书馆。北堂属法国耶稣会，是康熙三十九年（1700）皇帝拨地拨款所建。北堂的藏书在当时数量最多，也最有价值，欧洲各研究院和皇家科学院都曾赠送北堂大量的学术著作，甚至法国的国王及政府要员也为北堂收集书籍。从嘉庆年间开始，北堂逐渐衰落，清政府旋以八千两银的代价出售北堂。当时幸有一位中国教士薛司锋，将北堂的藏书及其他贵重物品转移到城外，后又运往张家口外的西湾子。直至同治五年（1866），这批图书才几经周折运回北京，但大部已毁坏流失。

（4）西堂图书馆。西堂是耶稣会以外传教士们的寓所，创建于雍正三年（1725）。西堂藏书的基础是教廷专使来华时携带的一大批书籍，以及主教和方济各会士们的遗书。嘉庆年间，清廷驱逐教士离境，西堂藏书迁至南堂。

后来的北平西什库天主教堂（即北堂）图书馆便是汇合了南、东、北、西四堂的藏书而成的。据1938年的整理统计，北堂图书馆计有西文书五千余册，中文书约八万册，其中有很多稀世珍本，如西方15、16世纪出版的图书，教士与中国基督徒早期翻译的西方名著，宋、明版刊本及抄本，清帝御赐本，方志，武英殿聚珍版图书等。

在1840年鸦片战争之前，基督教在中国的传播基本上是以平等、自愿的方式，在尊重中国主权的前提下进行的，因此其性质主要是东西方意识形态在思想文化上的碰撞和交融,其结果无疑会起到促进中西方社会发展和科学文化进步的作用。事实正是如此。利玛窦、汤若望等人以传播西方科学知识为主要方式的传教活动,曾不同程度地征服了像徐光启、李之藻这样的上层士大夫,甚至一些中国的帝王,使世代囿于传统文化之下的中国人开阔了视野,学习到了一些为数虽少却是极为可贵的西方科学知识。而独具异彩的华夏文明也经由传教士之手介绍到了欧洲,直接为18世纪席卷欧洲的启蒙运动提供了精神养料,为欧洲近代文明的诞生起到了促进作用。

然而,这场由传教士们触发的中西文化的震荡,却并没有给中国图书馆的历史带来实质性的影响。传教士们苦心经营多年的教廷图书馆、"四堂"图书馆等,除了几本当时绝大多数中国人都不知道也读不懂的洋文书外,与中国传统的藏书楼或寺院藏经并没有什么区别。其原因既在于当时西方的图书馆尚未达到足以超越中国藏书楼的先进水平,也因为当时的中国还没有变革旧式藏书楼的社会要求。

但是在1840年之后,情况就发生了根本性的变化。在阵阵强劲西风的震撼下,中国古老的藏书楼阁摇摇欲坠,根基动摇。传教士们用炮舰和福音书,在中国的土地上创建了一座座令中国的藏书家们瞠目结舌的、明显居于先进水平的新式图书馆。从中国图书馆发展的角度看,基督教图书馆在中国的历史是从鸦片战争之后才真正开始的。

鸦片战争之后基督教传教士在中国的传教事业得到了迅速的发展,但是这种发展都是西方列强武力征服和签订一系列不平等条约的结果，因此受到中国各阶层人民的强烈抵制。如果说在利玛窦的时代，士大夫们对基督教的种种非难还带有传统观念中保守、褊狭成分的话，那么在19世纪后期，中国士人与民众与基督教传教士之间的纠葛和争斗，就不再仅仅是思想文化方面的冲撞，而具有了反对外来侵略、维护国家主权和民族自尊的性质。频繁发生的教案，以及随之而来的内乱与外患，给近代中国带来了斑斑的创伤，这是历史的事实。但是我们也应看到，传教士们为了达到传教的目的，往往要以西方的科学文化做媒介，而西方的近代科学文化与中国传统的旧式文化之间是有着先进和落后之别的。因此，传教士们在中国的一些活动，尤其是在文化教育方面的活动，在客观上还是有所建树和作为的，这也是历史的事实。中国的基督教图书馆在很大程度上就具有后者的性质。

有人曾称西方传教士在中国扮演了"文化掮客"的角色，这是恰如其分的。总的看来，西方传教士在近代中国的基督教传教事业上是失败的，不仅没有达到"中华归主"的目标，反而引发了一系列的激烈矛盾冲突；但他们作为文化掮客却取得了相当的成功，在科学文化传播上得到了远远大于宗教传播的成就。这也许并不是传教士们的初衷，但却得到了"无心插柳柳成荫"的结果。中国近代基督教图书馆的出现及其产生的社会影响，便是这种结果之一。

近代中国到底有多少基督教图书馆，我们无法得知，因为全国各种教会团体，如教会机构、教会学校、教会医院，以及传教士们所直接或间接参与的文化教育机构，都可能会有数量不等的藏书。但是，并不是所有的这类藏书都称得上是近代新型图书馆，称得上近代新型图书馆的也不见得都有广泛的社会影响。所以，这里仅挑选了几例有典型意义并在中国近代图书馆发展史上有过一定作用的基督教图书馆予以介绍。

（1）上海徐家汇天主堂藏书楼。建于 1847 年，由耶稣会传教士创办，隶属于徐家汇天主堂耶稣会总院，是上海众多的天主教图书馆中规模较大的一所。现该场所及藏书均归入上海图书馆。

（2）上海工部局公众图书馆。建于 1849 年，1851 年起称"上海图书馆"，自 1913 年起改名为"公众图书馆"，又因其英文名称 Public Library，S. M. C. 而译作"工部局公共图书馆"。这座图书馆本是上海英租界的西方侨民筹办的，但教会在其中起了较大的作用，图书馆的多任主管都是西方传教士。

（3）亚洲文会北中国支会图书馆。建于 1871 年，创始人是英国牧师伟烈亚力。亚洲文会是伟烈亚力创办的研究东半球文化的学术机关，曾得到英国政府的支持和资助。这所图书馆便是它的附属机构，以收藏东方学文献为主。

（4）圣约翰大学图书馆。建于 1894 年，原为学校藏书室，后用捐建者的姓氏命名为罗氏藏书室（Low Library）。圣约翰大学是美国圣公会创办的教会学校，罗氏藏书室即为该校附设的图书馆。至 1919 年前后，该馆已具备相当的实力，成为我国境内规模最大的大学图书馆之一。

（5）格致书院藏书楼。建于 1901 年，由英国传教士傅兰雅（John Fryer）创办。上海格致书院是傅兰雅在 1876 年创办的一所专门传授西方科学知识的新式学堂，其藏书楼实际上是一所专为华人读者开设的图书馆，以收藏中国古籍和中文译著为主。该馆后来毁于火灾，残本四千余册为上海市立图书馆接收。

(6) 文华公书林。1903 年创办，1910 年正式建成开放，创始人是韦棣华。武昌文华大学本是美国圣公会创办的教会学校，文华公书林即为该校之图书馆，但文华公书林却对武汉三镇的公众开放，因此兼有大学图书馆和公共图书馆的双重性质。

在我国现代图书馆的发展史上，这些基督教图书馆占有何种地位呢？

第一，基督教图书馆是我国近代出现年代最早的新型图书馆，起到了"为天下之先"的示范作用。从 19 世纪末年起，我国的洋务派、维新派人士才开始认识、鼓吹和筹办新型的图书馆。至于较为成型的近代图书馆，如京师大学堂藏书楼、古越藏书楼的出现，已是 20 世纪初年的事了。而传教士们创办的图书馆从 19 世纪 40 年代起即已在我国出现，在时间上遥遥领先了半个多世纪。即使是创办年代较迟的文华公书林，也是武昌出现的第一所公共图书馆，比湖北省图书馆的创办（1904）还早了一年。近代图书馆在我国从无到有的突破，实际上是由基督教图书馆最初实现的。相当一部分中国人对图书馆的认识，也是从这些"洋书楼"开始的。在我国图书馆史上，基督教图书馆的启蒙、范例作用，是不容忽视的。

第二,这些基督教图书馆大多具备了公益、开放的特点,与传统的旧式藏书楼形成了鲜明的对照。如工部局公众图书馆便以"公开的书林"和"供中外居民教育娱乐之需"为标榜,其公共阅览室每天从早9时至晚7时对公众开放,这在19世纪下半叶的中国还是一件从未有过的"西洋景"。再如格致书院藏书楼,曾号称是"第一所为谋华人读者便利的图书馆",时人亦有"惠我士林"之誉。最为突出的是文华公书林,它虽是一所学校图书馆,却坚持对武汉三镇的公众开放,还举行公开演讲会、读书会、故事会、音乐会等活动,以吸引读者上门读书。在读者服务的方式上,基督教图书馆也有诸多独到之处,如圣约翰大学图书馆和文华公书林都实行开架借阅。文华公书林还实行了为较远读者送书上门的"巡回文库"制,格致书院藏书楼采用挂"粉牌"的方式向读者宣传图书,等等。

需要指出的是,并不是所有的基督教图书馆都无条件地对公众尤其是对中国民众开放的。如徐家汇天主堂藏书楼,起初只供耶稣会会士使用,后来教徒或由教会人士介绍,经主管司铎同意,也可进馆阅览,实际只是一种半开放状态。即便是以"有益于普通的公众"为口号的工部局公众图书馆,藏书绝大多数却是外文书刊,这对于中国的"普通公众"来说其实是谈不上什么"有益"的。然而不管基督教图书馆的大门全开、半开还是有条件地开,与"门虽设而常关"的旧式藏书楼相比,毕竟有着性质上的差别。

第三,许多基督教图书馆有着丰富、系统、别具一格的藏书，极大地丰富了我国近代图书馆的收藏，在当时及后世都发挥了重要的作用。徐家汇天主堂藏书楼收藏有大量的中国方志，其数量居全国第四位；同时因为建馆时间较早，年代久远的早期报刊收藏也很完备，如整套的《上海新报》《申报》《教会新报》等，为全国所罕见。亚洲文会北中国支会图书馆藏有丰富的东方学文献，包括许多珍贵的早期书刊，曾被誉为"中国境内最好的东方学图书馆"。格致书院藏书楼的中文西学译著是其一大特色。这些宝贵的文献收藏，至今仍是我国图书馆无法替代的重要财富。

第四，有些基督教图书馆拥有先进的、明显优于我国藏书楼的馆舍和设备。1910年建成的文华公书林馆舍，号称"十万元建筑"，名噪一时。1911年建成的圣约翰大学图书馆，是上海第一座专用的图书馆馆舍，采用中西参半的新式二层建筑，建筑费耗银二万两，书库容书可达三万册，并有良好的设备设施。这些基督教图书馆的范例，对于我国图书馆馆舍及设备条件的改善无疑会有推动作用。

第五，基督教图书馆带来了西方图书馆的新式管理方法和先进技术。以收藏中文图书为主的格致书院藏书楼，对旧籍用四部分类，而新书则划分为科学、算学等36类，这是用新式科学分类法来类分中文图书的首次尝试。早在1909年孙毓修翻译介绍"杜威分类法"之前，亚洲文会北中国支会图书馆就采用了"杜威分类法"及"克特著者号码表"，为这部后来在中国影响甚广的西方分类法的应用开创了先例。而圣约翰大学则是使用"杜威分类法"类分中文图书的最早的图书馆，其方法是用"杜威分类法"中一些使用率不高的空号码来容纳中文图书,如000为经部、181为中国哲学、951为中国史等。这种方法虽然不尽合理,但影响却很大,在几部中文分类法问世之前,国内许多图书馆都用这种办法来类分中文图书,以求中外文图书能在编目中得到统一。首先使用卡片式目录的也是基督教图书馆。亚洲文会北中国支会图书馆早在1908年就编成了一套字典式的卡片目录,并附有"杜威分类法"的分类索引。圣约翰大学图书馆的卡片目录最为完备,除书名、著者目录外,还编有一套标题片,同时编制子目片和分析片。这些都是新式图书馆的技术方法。基督教图书馆编制的新式书本式目录也不少,较有影响的有《上海格致书院藏书楼书目(1906年)》《圣约翰大学罗氏图书馆书目(1907年)》等。可以说,在如何开办西方式图书馆的问题上,基督教图书馆是主要和直接的教师。

第六,也是最为重要的,基督教图书馆输入了西方式图书馆的思想和模式,使中国人摆脱了传统藏书楼的窠臼,在社会上树立了新式的图书馆观念。早在1877年3月,《申报》就曾载文说:"本埠西人设有洋文书院(即工部局公众图书馆),计藏书约有万卷,每年又添购新书五六百部,阅者只需每年费银十两,可随时取出披阅,阅毕缴换。此真至妙之法也!"可见这些洋式图书馆当时已引起中国士人的关注和羡慕。陈洙在1906年撰写的《上海格致书院藏书楼书目序》中说:"上海向有格致书院,近由西士傅兰雅君商诸各董,添设藏书楼。……吾知登斯楼者,既佩诸君之热诚毅力以惠我士林,而尤不能不为内国士大夫愧且望也。"并疾呼:"裨益学术,光我文治,抗衡欧美,将在乎是!"奋起效法之情溢于言表。基督教图书馆促进了这种社会观念的形成,而这种社会观念之深入人心,又是我国近代图书馆产生和发展的基本社会条件。

清王朝灭亡后,基督教图书馆在中国的活动非但没有中止,反而更加活跃,活动方式也发生了很大的变化。经过1919年的五四运动,中国的社会状况发生了很大的变化,民众的民族主义意识不断高涨,知识阶层中对西方列强控制中国教育文化事业的现状极为不满,开展了"收回教育权"等爱国运动。传教士们迫于这种强大的压力,为了能够在中国社会继续生存和传教,便提出了"更有效率、更基督化、更中国化"的应变新口号。在这种形势下,传教士们兴办的各类图书馆也开始尽量减少"洋气",如任用中国学者为主管人,大量收藏中文书刊,对教外的读者开放,加入中华图书馆协会等,以期能得到中国人民的认可。教会刊物《真光杂志》就曾载文,建议开办一个全国性的"中国基督教流通图书馆",免费对社会开放,"欢迎各阶层知识界利用图书馆来享受极自由的无限制的教育,或作种种的研究","使全国基督徒在同一图书馆之下,共同读书与研究学问,成为精神食粮上的大团契;更使教外读者与教会发生友谊的联系"。这个设想虽然最终没有实现,但却反映了传教士们在图书馆办馆方针上的重要变化,即摒弃急功近利式的传教方法,通过为中国社会服务和与中国民众建立友谊的方式,间接地达到团结教徒和传播教义的目的。因此,在五四运动后的现代时期,基督教图书馆的宗教色彩大为减弱，宗教宣传的手法更为隐晦，与同时期中国人兴办的各类图书馆相比已没有明显的差异。这是中国基督教图书馆发展史上的一个重大转折。

值得注意的是，基督教图书馆的"中国化"改革，并不意味着传教士们放弃了传教的目标。著名的燕京大学及其图书馆的创办者司徒雷登就曾说过："燕京大学的成立是作为传教事业的一个组成部分的……我要燕京大学在气氛和影响上彻底基督化，而同时又要甚至不使人看出它是传教运动的一部分。"基督教图书馆改革的实质也在于此。但是由于这种变革，基督教图书馆不再是游离于中国文化教育事业之外的独立王国，而在很大程度上融为中国图书馆事业的一部分；更多的中国知识分子及普通民众能够利用这些图书馆，使其发挥出更大的社会作用。因此，从中国图书馆事业发展的角度看，基督教图书馆的这种变革还是有许多积极意义的。

根据1937年的统计，中国基督教（新教）的图书馆共有114所，其中教会机关17所、神学院7所、大专院校19所、中学71所，藏书共约200万册。天主教的图书馆未见专门统计，但在数量上不会低于新教图书馆。其他教派组织，如东正教传教士团，也有一定数量的图书机构。与近代时期相比，现代时期的基督教图书馆虽数量增多，且更有实绩，更少宗教色彩，但在中国图书馆发展史上的影响、作用却远不如前一阶段重要。究其原因，主要在于当时中国图书馆向近现代过渡的进程业已完成，国内图书馆与西方图书馆之间在性质上已没有大的差异，不再需要基督教图书馆提供启蒙和范例。从1935年的统计看，国内各类型图书馆已达 5183 所，而且出现了诸如国立北平图书馆、国立中央图书馆、北京大学图书馆等高水平的大型图书馆，致使传教士们兴办的图书馆在数量和质量上都相形见绌了。

新中国成立后，传教士和外国教会团体在中国大陆失去了继续存在的基础。1949 年 8 月，司徒雷登悄然离开了已经解放的南京，标志着近代西方传教士在中国经营一百多年的传教事业基本结束。传教士们和他们所创办和扶植的图书馆，这一近代中国的特殊产物，也由此结束了它们曲折而又复杂的使命，其藏书大多归并到其他图书馆收藏。但是，它们的历史轨迹却不会消失，如同外国教会和传教士是中国近现代历史的一部分一样，基督教图书馆也是中国图书馆历史的一部分，已经融会在中国图书馆的历史发展之中。

三　悚然惊梦

1　新型图书馆的启蒙

中国新型图书馆的源头在西方，在中国兴办这些图书馆的先行者也是来自西方的传教士。但是，创建中国现代图书馆的主角是中国人自己，是中国人民自身奋斗和中国社会发展的结果。

自 1840 年鸦片战争后，西学开始传入中国。但是在其后的半个世纪中，这种传入是极其缓慢的。就地域而言，主要局限在几个通商口岸，从致力于此的中国人来看，也只有少数从事"洋务"的官员。中国的上层统治者和士大夫阶层仍然背负着几千年的巨大惰性，生活在传统的精神世界里。即使是那些热衷于洋务的官员，也主要着眼于兵器制造、筑路开矿等具体技术知识，而绝少注意到西方政治、思想、文化方面的作用和影响。最能说明问题的例证是《书目答问》一书。这部流行一时的书目著作出自以提倡新政著称的洋务派大员张之洞之手，刊行于国门开启后数十年的光绪二年（1876），但这部洋洋大观的书目却仍囿于传统的四部图籍，而绝少提到西学文献。这种大势，决定了中国早期具有新型图书馆性质的为数极少的藏书楼都出现在京城和通商口岸城市，而且大多是在西方人（主要是传教士）的直接或间接参与下建成的。至于明确、系统的图书馆思想，则迟迟未能在士大夫阶层中形成。

19世纪90年代是一个重要的转折点。这一时期西方列强对中国的侵略和扩张进入了一个新的阶段，中华民族面临着前所未有的被瓜分的危机。1895年中日甲午战争的失败，使中国的民众，尤其是沉酣于几千年旧传统的士大夫们，悚然惊醒。正如康有为所说："非经甲午之役，割台偿款，创巨痛深，未有肯幡然而改者。"梁启超也说："唤起支那四千年之大梦，实自甲午一役也。……支那则一经庚申圆明园之变，再经甲申马江之变，而十八行省之民，就不知痛痒，未曾稍改其顽固嚣张之习。直待台湾既割，二百兆之偿款既输，而酣睡之声，乃渐惊起。"（《戊戌政变记》）甲午的风云未散，法国即声称华南和西南为其"势力范围"，德国占了胶州湾，俄国占了旅顺口，英国则继续强行维护在长江流域的利益，西方诸列强还掀起了"争夺租借地"的狂潮。在这种亡国灭种的冲击和恐惧之下，中华民族的有识之士终于开始挣脱了千年传统的束缚，把目光投向了西方，开始走上了学习西学、变法图强的道路。

由此中国的士大夫们对西方的看法产生了根本性的变化，

逐渐认识到西方列国不是什么"蛮夷之邦",而是代表了一种强大的文明;所谓西学也不仅仅是"声光电化"等"奇技淫巧",而是包括政治体制、价值观念和文化教育等诸多内容在内的完整体系。这种认识,逐渐从沿海到内地,从少数洋务官员到整个士大夫阶层及上层统治者,汇聚成一种强大的思想舆论,形成了中国近代史上西学传播的第一次高潮。

在这个高潮中产生了一批向西方寻求救国救民之道的有识之士。他们虽然分属于洋务派、维新派等不同阵营,政见也不尽一致,但在学习西方的过程中却产生了一种共识,即都把兴办教育、建立学堂、开发民智作为社会改良的首要内容,而兴办新式教育的主要内容之一又是建立西方式的图书馆。这种思想的出现并在舆论中逐渐占据主导,是中国人在效法西方的过程中一个重大的转折和突破,新型图书馆的思想舆论即由此开始形成,奠定了中国兴办图书馆的思想基础,而后的中国图书馆基本上是按照此时形成的原则和思路发展的。

较早注意到西方式图书馆的是中国近代思想界的先驱林则徐、陈逢衡、姚莹、徐继畲等人,他们在19世纪40年代撰写的著作,如《四洲志》《英吉利纪略》《康辀纪行》《瀛环志略》等书中,都提到了英美等国的图书馆。19世纪后期的改良主义政论家王韬、学者马建忠则进一步提出了兴建新式图书馆的具体主张。第一位系统地提出新式图书馆思想的是近代改良主义先驱郑观应,他刊行于光绪十八年(1892)的著名著作《盛世危言》,其中第四卷《藏书》系统地论述了兴办图书馆思想,基本上包括了近代新型图书馆的主要精髓。

这些有关新式图书馆的思想问世后,在社会舆论界引起了强烈的反响,谈论介绍西方图书馆,倡议建立公共藏书楼,一时蔚成风气。当时舆论界的主要喉舌《时务报》《知新报》《国闻报》《湘学报》《万国公报》《清议报》等都连篇累牍地刊载有关新式图书馆的文章,就连西欧、日本等国图书馆的读者人数,美国图书馆教育的方式等具体的细节问题,都成为这些报刊所津津乐道的话题。这样就使得新式图书馆的观念日渐深入人心,占据了主导的地位,形成了一股强大的思潮。

与政治体制上的改良相比,兴办图书馆的主张比较容易为国人所接受,不仅提倡新学者乐于此道,固守旧学者也愿意拥护。在维新派看来,新式图书馆固然是开发民智、传播西学的工具,在传统士大夫们的眼中,藏书楼也是弘扬儒学、研读经史的地方,何况又有乾隆年间开放四库的"故事"可循。因此,尽管兴办新式图书馆的观念是维新人士提出的,但它迅速征服了中国抱有各种观念的士大夫们,成为社会发展的潮流。

这一思想潮流很快就影响到统治阶级的上层。1896年,吏部尚书兼官书局督办孙家鼐撰文引述了当时通行的观点,指出:"泰西教育人材之道,计有三事:曰学校,曰新闻馆,曰书籍馆",还提出要在其主持的官书局中设立藏书院,允许"留心时事,讲求学问者入院借观,恢广学识"(《官书局开设缘由》)。同年,刑部左侍郎李端棻撰写了著名的《请推广学校折》,奏请建立学堂,提出了"与学校之益相须成者"有五条,其中第一条就是"设藏书楼"。李氏认为应仿效"泰西诸国"和"乾隆故事","自京师及十八行省会咸设大书楼",而且要"妥定章程,许人入楼观书,由地方公择好学解事之人,经理其事。如此则向之无书可读者,得以自勉于学,无为弃才矣!"湖广总督张之洞在《上海强学会序》中提出了"拟宏区宇,广集图书"的主张。这篇序文虽由康有为代拟,但毕竟是经张之洞本人所认可的。就连光绪皇帝在1898年筹办京师大学堂时也发出过拨款"购图书"的上谕。

这些上层统治者的言论和观念,表明了他们对兴办图书馆的认同,也是新型图书馆思想终于在中国形成并逐渐占据主流地位的一个重要标志。

2 梁启超与中国图书馆

在这场决定中国图书馆命运的思潮中,梁启超是最为杰出的一位代表。通过梁启超这个典型人物,我们可以提纲挈领地看到我国近代图书馆形成的轨迹和其中的思想精髓。

梁启超,字卓如,号任公,又号饮冰室主人,同治十二年(1873)生于广东新会,是我国近代著名的思想界先驱和维新派主将,也是近代图书馆的主要倡导者和推行者。在19世纪90年代新式图书馆观念的形成过程中,梁启超以他渊博的学识,敏锐的眼光,过人的才华,生花的妙笔,成为当时影响最大、鼓吹力最强、思想最深刻、成就最卓著的图书馆理论家和活动家,做出了远远超出他人的重要贡献。

梁启超出身于一个半耕半读的知识分子家庭,如他自己所述:"启超故贫,濒海乡居,世代耕且读,数亩薄田,举家躬耘，获以为恒"（《梁启超年谱长编》）。他自幼酷爱读书，11岁中秀才，16岁中举人，虽有"神童"之称，但也饱尝了无力购书的苦楚。他后来追忆幼年读书情景时感叹地说：

> 启超故陬澨之鄙人也。年十三，始有志于学，欲购一潮州刻本之《汉书》而力不逮，乃展转请托，假诸邑之薄有藏书者，始得一睹。成童以还，欲读西学各书，以中国译出者不过区区二百余种，而数年之力，卒不能尽购。……夫启超既已如是，天下寒士与启超同病者，何可胜道！（《万木草堂书藏征捐图书启》）

童年读书的艰辛播下了梁启超从事公共藏书事业的种子。光绪十七年（1891），梁启超师从康有为，读书于广州的万木草堂，开始了他世界观和学术思想的奠基时期。在万木草堂，梁启超创办了一生中的第一所"图书馆"——万木草堂书楼：

> 往者（即在万木草堂读书时期）既与二三同志，各出其所有之书，合度一地，得七千余卷，使喜事小吏典焉，名曰万木草堂书藏，以省分购之力，且以饷戚好中之贫而好学者而已。数年以来，同志借读渐夥，集书亦渐增，稍稍及万卷。（《万木草堂书藏征捐图书启》）

梁启超对这个小小"图书馆"的感情很深，后来当他成为著名的维新派领袖时,还念念不忘扶植万木草堂书楼,亲笔为其起草征捐图书的文章。当然,万木草堂书楼仍没有超越旧式书院藏书的范畴,这时的梁启超对西方式的近代图书馆还没有什么系统的认识。

1898年,梁启超与康有为一起来到北京,走上了变法维新的政治舞台。面对令人眼花缭乱的西学知识和内外交困的政治局势,年轻好学的梁启超认识到:"今时局变异,外侮交迫,非读万国之书,则不能通一国之书。"然而在当时的中国要想"读万国之书"又谈何容易:"欲以一人之力,备天下之书,虽陈、晁、毛、范,固所不能,况乃岩穴蓬蕌好学之士,都养以从师,赁庑以自结者,其孰从而窥之。"在这种形势下,已经系统研读西学的梁启超把目光从个人集书转向了西方式的图书馆:"彼西国之为学也,自男女及岁,即入学校,其教科必读之书,校中固已咸备矣,其淹雅繁博孤本重值之书,学人不能家庋一编者,则为藏书楼以藏之,而恣国之人借览焉。"(均见《万木草堂书藏征捐图书启》)

从西方图书馆之中,梁启超看到了他多年梦寐以求的理想目标,也找到了为学、为政的新道路。自此,在中国建立西方式的新型图书馆,就成为梁启超变法维新活动的重要组成部分,也成为他毕生为之奋斗不息的事业。

梁启超倡办新型图书馆的第一步是与康有为等维新派人士共同创立的强学会书藏(详见第五章)。当时创立强学会的宗旨,乃如康有为所说:"群中外之图书器艺,群南北之通人志士。"(《上海强学会后序》)为办好强学会及其书藏,梁启超投入了极大的热情,把其视为宣扬新学、启迪民智的开端。他后来追忆说:"时在乙未之岁,鄙人与诸先辈,感国事之危殆,非兴学不足以救亡,乃共谋设立学校,以输入欧美之学术于国中。……而组织一强学会,备置图书仪器,邀人来观,冀输入世界之智识于我国民"(梁启超《莅北京大学校欢迎会演说辞》)。

然而梁启超等人的理想很快就破灭了,强学会存在仅四个月即被清廷查封。后来美国传教士李佳白筹办备有藏书楼的尚贤堂(英文为中国国际研究院,International Institute of China)),梁启超力促其成,并在《记尚贤堂》一文中不无悲愤地写道:

> 中国应举之事千万也。中国不自举,于是西人之旅中国者,仿之悯之,越俎代之。……李君乃为此堂集金二十万,次第举藏书楼、博物院等事,与京师官书局、大学堂相应。其爱我华人,亦至矣。诗曰"无此疆尔界",李君之贤也;又曰"不自为政",抑亦中国之羞也。

强学会及其书藏被查封后,梁启超兴办图书馆的热情转入了研究、鼓吹、倡导西方式的图书馆上,成为中国新型图书馆思想的杰出代表和集大成者。19世纪90年代兴建图书馆思潮的形成和20世纪初年各地图书馆的普遍兴起,梁启超有着不可磨灭的功绩。

梁启超于1896年8月开始任《时务报》总撰述,在他的主持下,《时务报》不仅成为在全国有巨大影响的维新派喉舌,也成为鼓吹西式图书馆最为得力的一家报刊。在《时务报》创刊号上,曾旗帜鲜明地提出:"泰西教育人才之道,计有三事:曰学校,曰新闻馆,曰书籍馆。"《时务报》各期多次刊载论述图书馆的文章,介绍西方各国的图书馆,报导国内各地筹办藏书楼的消息。在《时务报》的影响下,各种鼓吹维新变法的刊物,如《知新报》《国闻报》《湘学报》等都连篇累牍地宣扬和报道新型图书馆,一时风气大开,形成了强大的舆论。

与其他维新派人士一样,梁启超也把兴办新式图书馆看作学习西方、救亡图存、成就维新大业的重要组成部分。1896年12月《时务报》第13期曾刊文指出:"今日振兴之策,首在育人才,育人才则必新学术,新学术则必改科举、设立学堂、定学会、建藏书楼。……斯三者,皆兴国之盛举也。"梁启超也撰写了《论学会》一文,提出了"今欲振中国,在广人才,欲广人才,在兴学会"的观点,而建立学会的目的有16个,其中有5个都与新型图书馆有关:"……七曰咨取官书局群籍,概提全份,以备储藏;八曰尽购已翻新书,收庋会中,以便借读;九曰择购西文各书,分门别类,以资翻译……十曰广翻地球各报,散布行省,以新耳目;十一曰精搜中外地图,悬张会堂,以备浏览。"正是由于梁启超的重要影响和不懈努力,使救国必先治学、治学必先建藏书楼的思想日渐深入人心,成为一种社会共识。

梁启超是一位才华横溢的学者,其文笔当时享有盛名,在思想舆论界有极大的号召力。梁启超也同样用他那支生动鲜明、气魄宏大的笔来宣扬、鼓吹图书馆。例如，在描述英国等西方国家的图书馆时，他写道："举国书楼以千数百计，凡有井水饮处，靡不有学人，有学人处，靡不有藏书，此所以举国皆学，而富强甲天下也。"（《万木草堂书藏征捐图书启》）这种文采飞扬的"梁启超风格"使他的文章备受读者喜爱，也使他所宣扬的图书馆思想很快为社会所接受。在中国图书馆史上，梁启超是一位卓越的宣传家。

对于西方传入的图书馆思想、观念和方法，梁启超不仅仅停留于介绍、宣传和鼓吹，而且还做了系统的研究，并有大胆的创新。这也是梁启超与同时代人相比的过人之处。1896年9月，梁启超在《时务报》上发表了著名的《西学书目表》。该书吸收了西方分类、著录的思想，将当时中国所译的西书分为西学、西政和宗教三大类及杂类（宗教类未录入书目）。西学类包括算学、重学、电学、声学、光学、化学、汽学、天学、地学、全体学、动植物学、医学、图学等十三目，西政类包括史志、官制、学制、法律、农政、矿政、工政、商政、兵政、船政等十目，杂类包括游记、报章、格致、西人议论之书、无可归类之书等五目。《西学书目表》尽管还有许多不尽合理之处，但它的问世，是对一千多年来被视为"永制"的四部分类体制的一次冲击和突破，为近代新分类法的输入和产生开辟了道路，堪称是中国新文献分类思想的启蒙著作。

梁启超宣传研究新图书馆的一系列活动，对中国图书馆思想的形成产生了重要的影响。例如，"图书馆"一词就首次出现在他主持的《时务报》1896年9月第6册上，其文名为《古巴岛述略》，译自1896年8月26日的《日本新报》。又如，统治阶级上层人物对图书馆的认识许多都源自梁启超，上文中引述的吏部尚书孙家鼐论图书馆功用的文字，实际上是抄自《时务报》；礼部尚书李端棻是梁启超的妻舅，那篇著名的《请推广学校折》据说即出自梁启超的手笔，至少也是在梁的直接影响下写成的。

1898年6月，光绪皇帝发布"明定国是诏"，开始了百日维新。梁启超踌躇满志，认定维新派大显宏图的时机已经到来，并以非凡的热情和才干投入了变法维新活动。在繁忙的政务活动中，梁启超仍没有放弃兴办新式教育和图书馆的理想。在他代总理衙门起草的《京师大学堂章程》中，专列了"藏书楼"一项。梁启超扬扬洒洒地写道：

> 学者应该之书甚多，一人之力必不能尽购。乾隆间，高宗纯皇帝于江浙等省设三阁，尽藏四库所有之书，俾士子借读，嘉惠士林，法意良美。泰西各国于都城省会皆设有藏书楼，亦是此意。近张之洞任广东，设广雅书院，陈宝箴任湖南，设时务学堂，亦皆有藏书。京师大学堂为各省表率，体制尤当崇闳。今设一大藏书楼，广集中西要籍，以供士林流览，而广天下风气。

不难看出，在京师大学堂及其藏书楼身上寄托了梁启超兴办教育、创建图书馆的理想和希望。然而，这次梁启超的梦想又落空了。变法维新活动不到百日便发生了戊戌政变,光绪皇帝被囚,梁启超也成了被缉捕的"康梁乱党"主犯,逃往日本避难。他苦心倡办的京师大学堂虽然侥幸免遭废黜,但兴建藏书楼的宏大计划却被迫中止,已收藏的一些图书仪器也在庚子事变中大部毁于兵燹。

梁启超出逃到日本后,与康有为一起在横滨创办了《清议报》,由梁启超任主笔,继续宣扬改良主义的主张。在主持《清议报》时期,梁启超仍继续宣传他的图书馆思想和主张,其论述也更为深入和系统。在《清议报》刊载的一篇文章中,称图书馆为"开进文化一大机关",文章写道:"何谓学校之外开进文化一大机关乎?曰,无他,唯广设图书馆可耳。"文中列举了图书馆的八项社会功能:"第一之利,图书馆使现在学校受教育之青年学子,得补其知识之利也;第二之利,图书馆使凡青年志士,有不受学校教育者,得知识之利也;第三之利,图书馆储藏宏富,学者欲查故事,得备参考之利也;第四之利,图书馆有使阅览者,随意研究事物之利也;第五之利,图书馆有使阅览者,于顷刻间,得查数事物之利也;第六之利,图书馆凡使人皆得用贵重图书之利也;第七之利,图书馆有使阅览图书者,得速知地球各国近况之利也;第八之利,图书馆有不知不觉使养成人才之利也。"这些思想表明梁启超已超越了一般维新派人物对图书馆的认识水平,达到了一个新的高度。

梁启超是新式图书馆思想的主要旗手和奠基人。他的思想、言论和行动,对中国图书馆思想的形成并为社会所普遍接受,起到了至关重要的作用。虽然梁启超兴办图书馆的实绩并不多,但他的主张却能深入人心,有着潜移默化的影响。20世纪初年我国所兴起的创办图书馆的高潮,基本上是按照梁启超等人的思想和主张行事的。

此外还值得一提的是,在新型图书馆形成并普及之后,梁启超对图书馆的兴趣依然不衰,毕生都在为中国的图书馆奔波操劳。1916年,为纪念蔡锷将军,梁启超发起创办"松坡图书馆",并被推为馆长。1925年4月,中华图书馆学会成立,梁启超出任董事部部长兼分类委员会主席,参与了中国图书馆界的许多重大活动。1925年10月,梁启超被任命为京师图书馆馆长,为兴办和维持这所国家图书馆付出了很大的心血。梁启超还用了很大的精力从事图书馆学的研究,写下了《中华图书馆协会成立演说辞》《图书馆季刊发刊辞》《中国图书大辞典(部分)》《佛教典籍谱录考》《佛家经录在中国目录学之位置》《古书真伪及其年代》等大量著述,为推动中国图书馆学的发展做出了很大的贡献。

1929年梁启超逝世后,家人遵其遗愿,将其全部藏书捐送给当时的国立北平图书馆,包括"饮冰室藏书"2800多种4万多册,新书100多种140多册,还有许多墨迹、未刊稿本、私人信札等,均为宝贵文献。

四　冲破藏书楼

1　京师同文馆

所谓近现代新型图书馆，其主体主要有两种类型：大学图书馆和公共图书馆，至今如此，中外皆然。在中国，最早和最具代表性的大学图书馆和公共图书馆的雏形，分别是同文馆书阁和强学会书藏。

同文馆也称京师同文馆，首建于同治元年（1862）。它是清末培养涉外翻译人员的学校，隶属于"总理各国事务衙门"，是中国官方自行创办的第一个新式教育机构。

同文馆在建立之初就伴随着图书的收集。当时的总理大臣、洋务派首领恭亲王奕䜣在1860年的《奏请创设京师同文馆疏》中，就有"饬广东、上海各督抚等，分派通解外国语言文字之人，携带各国书籍来京"之语。这些由各地教师所带来的"各国书籍"就是同文馆最初的藏书。

在其后的几十年中，史料中不断有关于同文馆藏书，尤其是外文藏书建设的记录。如，同治七年（1868）美国大使劳文罗曾送来书籍若干，同文馆也购书回赠；同治十一年（1872）法国大使热福里代表法国文学苑赠送同文馆图书 11 箱，共计 188 册，"以备同文馆肄业泰西文字之用"，同文馆也回赠了《康熙字典》《昭明文选》等中国书籍 110 部，以"彼此互读，亦彼此相认"。经过多年的积累，同文馆的藏书日渐丰富起来。

至迟在光绪十三年（1887），同文馆就已有了专用的藏书机构——"书阁"。在该年刊印的《同文馆题名录》中，对书阁有过具体生动的记载：

> 同文馆书阁存储洋汉书籍，用资查考。并有学生应用各种功课之书，以备分给各馆用资查考之用。汉文经籍等书三百本，洋文一千七百本，各种功课之书、汉文算学等书一千本。除课读之书随时分给各馆外，其余任听教习、学生等借阅，注册存记，以免遗失。

由是不难看出：同文馆书阁的藏书数量虽不算多，但绝大多数是洋文书和"功课""算学"等新书，已摆脱了旧式"官学藏书"以儒家经典、正史为主的窠臼；采取了西方式图书馆的某些管理方式，如借阅、注册、存记等；藏书也不再以收藏为主要目的，而是"用资查考"，供全校读者借阅使用。因此，同文馆书阁实际上已具备了新型学校图书馆的性质。

同文馆书阁可以说是我国最早的大学图书馆的雏形。由于同文馆创设于京师，又是中央政府的官办学校，因此它的办学方式在全国有较大的影响。此后，各地相继创办的新式学堂、学校，大多建立了类似同文馆书阁的新型藏书楼，其中很多藏书楼日后都发展成为著名的大学图书馆。光绪二十一年（1895）天津北洋西学学堂建立藏书室，后来发展成北洋大学图书馆，新中国成立后改称天津大学图书馆；光绪二十二年（1896）上海南洋公学创办图书院，1921年后改称上海交通大学图书馆。至于同文馆书阁本身，由于同文馆于光绪二十八年（1902）并入京师大学堂，同文馆书阁也于同年归并于京师大学堂藏书楼，1912年后改称北京大学图书馆。

2 强学会书藏

强学会创立于光绪二十一年，当时是变法维新运动的总机关，其发起人是维新派的领袖人物康有为、梁启超、麦孟华、杨锐等人。时值甲午战败后不久，康、梁等人为变法图强上下奔走，广造舆论。他们建立强学会的目的就是"群中外之图书器艺，群南北之通人志士，讲习其间，因而推行于直省焉"（康有为《上海强学会后序》）。因此强学会建立了新型的图书机构——强学会书藏。

梁启超在后来追忆创办强学会及其书藏时说：

> 当甲午丧师之后，国人敌忾心颇盛，为全瞀于世界大势，乙未夏诸先辈乃发起一政社，名强学会。彼时同人因

不知各国有所谓政党，但知改良国政不可无此种团体耳。而最初着手之事业，则欲办图书馆与报馆。(《梁任公先生年谱长编》)

康有为也曾详细记述了强学会筹办书藏的经过：光绪二十一年七月，维新派人士集会，议开书藏，"各出义捐，一举而得数千金"，随后翰文斋也"愿送群书"，于是便在北京琉璃厂创建了强学会书藏。书藏成立后，英国和美国公使捐助了"西书及图器"，刘坤一、张之洞、王文韶等大员各捐了五千两银，宋庆、聂士成也捐银数千两，使书藏的"规模日廓"，成为京师颇具影响的新型图书机构。

强学会书藏一建立，便仿照西方图书馆的做法，采取了对广大民众开放的姿态，并以普及新学、启迪民智为己任。由于当时的国民还不懂得利用图书馆，强学会的成员便四处邀人甚至求人来看书。据梁启超回忆，强学会书藏成立后，"备置图书仪器，邀人来观，冀输入世界之智识于我国民。该书藏中有一世界地图，会中同人视如拱璧，日出求人来观。偶得一人来观，即欣喜无量"(《梁任公先生年谱长编》)。这种传播知识、开发民智的一片热忱，令人感动不已，已然是现代公共图书馆的姿态。

同年11月，有人即以"私立会党""显干例禁"为由，奏请清廷查封，强学会遂被禁，前后仅有四个月的时间。

强学会书藏虽是个短命的组织，但影响却很大。据统计，在1896至1898年的几年中，全国各地共成立了学会87个，学堂137所，报馆91所。在这些雨后春笋般涌现的学会等组织中，很多都建立了具有近代图书馆性质的书藏或书楼。武昌质学会在《章程》中称："今拟广搜图书，以飨会友。中书局外兼购西书，凡五洲史籍，格致专家，律制章程，制度政典，皆储藏赅备，以资他山。"上海强学会以"开大书藏"为其主要宗旨之一，具体做法是模仿西方的图书馆："泰西通都大邑，必有大藏书楼，即中国书籍亦藏弆至多。今合中国四库图书，备钞一份，而先搜集经世有用者。西人政教及各种学术图书，皆旁搜购采，以广考镜而备研求。其各省书局之书，皆存局代售。"衡州任学会"拟设格致书室一所，以开民智，任人观看"。这些遍及全国的学会书藏和书楼的大批涌现，成为中国公共图书馆事业的先声，为20世纪初年各地公共图书馆的普遍建立奠定了良好的基础。

3 官书局藏书院

强学会书藏还产生了一个直接的重要结果，就是促成了官书局藏书院的创办。

强学会被查封后，引起了朝野的广泛不满，许多有识之士纷纷上书要求解禁。结果清廷决定将强学会改为官书局，并派吏部尚书孙家鼐任官书局督办。

孙家鼐虽然不是维新派，但却接受了一些新思想，主张兴办新式教育和创办图书馆。他反对封禁强学会，认为强学会书藏"意在流通秘要图书，考验格致精蕴"，并指出"此日多一读书之士，即他日多一报国之人"（孙家鼐《官书局开设缘由》)。孙家鼐主持撰写的《官书局奏开办章程》中第一条便是"设藏书院"。

按照孙家鼐的主张,总理衙门每月拨发官书局经费一千两银,成为官书局藏书院购置图书的主要经费来源。为保证藏书(尤其是洋文图书)的质量,官书局聘请"通晓中西学问"的洋人教习帮助选购图书,并委派专职司事和译官"收掌书籍"。藏书院成立后,曾各处"咨取书籍","搜求有用之图书"。当时官书局藏书院的藏书主要有"列朝圣训、钦定诸书及各衙门现行则例,各省通志,河槽盐厘各项政书",以及"古今经史子集有关政学术业者"。尽管收藏内容上还有官办藏书机构的不少遗风,但仍注意到新学和经世致用图书的收藏。

官书局藏书院虽然不像强学会书藏那样热衷于图书的传播,但也继承了开放的精神,"用备留心时事、请求学问者入院借观,恢广学识"(孙家鼐《官书局奏开办章程》)。因此,官书局藏书院的性质也属于近代的新型图书馆,并在某种程度上继承了强学会书藏所开创的事业。而且,由于官书局藏书院具有官办背景,其藏书之规模比强学会书藏更为宏大,社会地位也更牢固。

1898 年京师大学堂成立后,官书局及其藏书院都归并于其中,成为京师大学堂藏书楼的组成部分。

4 古越藏书楼

在 20 世纪初年兴办图书馆的潮流中,得风气之先的当属东南各省，其中最为人们称道的就是被誉为近代公共图书馆先河的古越藏书楼。

古越藏书楼的创办者是绍兴缙绅徐树兰。徐树兰，字仲凡，号检庵，浙江绍兴人，道光十七年（1837）生，光绪二十八年（1902）卒，享年66岁。光绪三年（1877）中举人，曾任兵部郎中、候选知府、盐运使等职。后以母病归乡，热心于兴办各种社会公益事业，如筹办中西学堂，修筑海堤，创设义仓和救疫局等，因此深孚众望。

徐氏创办的西方式教育机构"绍郡中西学堂"，推行新式教育，在东南产生了较大影响。而后徐氏又把目光投向了西方式的图书馆，认定了开办公共图书馆这条道路。他从西方的图书馆得到了启迪："泰西各国讲求教育，辄以藏书楼与学堂相辅而行。都会之地，学校既多，大必建楼藏书，资人观览。……一时文学蒸蒸日上，良有以也。"因此，他"参酌各国规制"，创建了古越藏书楼（徐树兰《为捐建古越藏书楼恳请奏咨立案文》）。

古越藏书楼"集议于庚子，告成于癸卯"（张謇《古越藏书楼记》），亦即创办于1900年，建成于1903年。为兴办这一前无古人的事业，徐氏独家捐银8600余两，在绍兴城西的古贡院购地一亩六分，开工营造藏书楼。建成的古越藏书楼为四进楼房，前为藏书用的楼房，中有厅堂为公共阅览室，备有桌椅器具。楼中藏书，除徐氏家藏外，又购置了新出的译书及图书、标本、报章等，使藏书总量达7万余卷，仅书目就有35卷。这些费用共用银三万二千九百余两。此外徐树兰又每年捐洋1000元，作为古越藏书楼的日常开支。这些钱都是徐氏自捐或筹集的。

遗憾的是，徐树兰没有最后看到古越藏书楼的建成开放，即于1902年去世。徐树兰之子徐显民继承父志，完成了古越藏书楼的建造，并对全郡开放。辛亥革命前后，古越藏书楼一度停办。1915年徐氏后人呈请继续开办古越藏书楼，受到当时教育部的嘉许。抗日战争前，古越藏书楼改名为绍兴县立图书馆。新中国成立后，其藏书移交绍兴鲁迅图书馆。现在绍兴市胜利路古越藏书楼旧址尚存石库墙门和临街楼。

徐树兰创办的古越藏书楼在我国现代图书馆史上有着特殊的地位和作用。

第一，古越藏书楼是徐氏以私人之力创办的新型公共图书馆。这在中国图书馆史上是个创举，在世界上也不多见。在中国近代图书馆事业步入实施时期之始，徐树兰以个人之力，捐巨资促进了新型公共图书馆的诞生与发展，与美国钢铁大王卡耐基异曲同工，其功不可没。

第二，徐树兰打出了"存古、开新"的旗帜，为后来的图书馆广泛收集和传播"新学图书"，尤其是西方文献开创了一个良好范例。其实，"存古"只是幌子，"开新"才是实质。古越藏书楼的贡献正在于收藏了大量时务、实业等新书，以及当时国人尚未给予应有关注的外文图书。这正是徐树兰慧眼独具之处，使古越藏书楼得以开风气之先。

第三，古越藏书楼以西方图书馆为模本，学习和借鉴了西方图书馆的制度与方法。古越藏书楼虽冠之以旧式藏书楼之

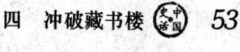

名，但其性质已完全是新型的图书馆，是取法于西方而创建的公共图书机构。徐树兰对西方思想文化的理解与认识，奠定了古越藏书楼的基础，也使古越藏书楼产生了迥异于旧式藏书的巨大社会功用。少年蔡元培就曾在古越藏书楼担任"校书"的工作，得以博览中外群书，为日后成为一代大师奠定了学问基础，提供了新思想的启蒙。

五　群星璀璨

1　京师大学堂藏书楼

揭开中国现代图书馆序幕的是京师大学堂藏书楼。

旧式官办学校的藏书机构被称为"官学藏书"。这种官学藏书的起源很早，《礼记》中就有周代"礼在瞽宗，书在上庠"的记载，上庠就是古代的大学。西汉时期，正式建立了太学，并有专门的太学藏书，"外则有太常、太史、博士之藏，内则有延阁、广内、秘室之府"（《汉书·艺文志》），其中博士藏书即是专用的官学藏书。东汉时期的中央藏书机构有辟雍、东观、兰台、石室、宣明、鸿都等，其中辟雍、鸿都即为中央官学的藏书机构。隋朝文帝年间设立了国子寺，炀帝时又改为国子监，从此国子监就成为我国古代的中央大学和全国教育管理机关，其后各朝代均相沿不改。而以国子监藏书为主体的中央官学藏书体系也就最后形成并确立下来，成为我国古代藏书事业的一个重要的组成部分。

至清朝末期，废科举，办学堂，旧时代官学藏书的历史使命就宣告结束了。京师大学堂藏书楼就是在这种历史背景下诞生的。清朝政府本意是将京师大学堂藏书楼作为传统官学藏书的延续来创办的，但它却成了我国新型大学图书馆的开端。因此，京师大学堂藏书楼既是封建王朝所兴办的最后一个官学藏书，也是近代教育兴起后的第一所大学图书馆；它既是我国古代官学藏书几千年历史的最后一幕，也是我国新兴的大学图书馆起步的第一篇。

然而就京师大学堂藏书楼本身的性质来看，它所继承的仅仅是传统官学藏书的形式，其内涵却是按照现代教育的需要和西方式大学图书馆的模式，在一个新起点上重新探索起步的新型大学图书馆。

京师大学堂创建于光绪二十四年（1898）七月，是戊戌变法中"新政"的产物。当时的吏部尚书兼官书局督办孙家鼐任管学大臣，而京师大学堂的实际倡导者和设计者是梁启超等维新派领袖。同年九月，以慈禧太后为代表的顽固派即发动戊戌政变，各种新政、新法尽遭废黜，这时京师大学堂仅建立两个月时间。尽管大学堂本身得以幸存，但兴办新式教育，广育人才、讲求时务等宗旨均已无法实现。庚子年间（1900），义和团和八国联军先后进京，京师大学堂被迫停办。光绪二十八年（1902）京师大学堂复校，张百熙就任管学大臣，学校的各项教育活动逐步正规，并开始转入了近代教育的轨道。1912年5月，京师大学堂改称北京大学。

学界过去认为京师大学堂藏书楼创建于京师大学堂复校时的1902年,笔者所著《北京大学图书馆九十年纪略》(北京大学出版社,1992)和《从藏书楼到图书馆》(书目文献出版社,1996)亦沿袭了这一论点。但近年研究发现,京师大学堂藏书楼实际上建立于1898年,是与京师大学堂同时问世的,是戊戌维新的直接产物。

实际上早在酝酿和筹建大学堂的初期,其首倡者和创办人就已经有了在京师大学堂建立藏书楼的具体构想。光绪二十二年(1896),刑部左侍郎李端棻就在梁启超参与起草的著名的《请推广学校折》中,首次提出建立京师大学堂,并同时提出了"设藏书楼"的主张。同年,奉旨筹办京师大学堂的孙家鼐也上书皇帝,指出"仪器、图书,亦必度藏合度",因此京师大学堂要"建藏书楼、博物馆"。就连光绪皇帝也发出了为京师大学堂拨款"购图书、备仪器"的上谕。关于藏书楼主管官员的人选,清廷和管学大臣孙家鼐也做出了安排:"藏书楼提调一员:詹事府左春坊左庶子李昭炜。"

1898年7月4日,光绪皇帝正式下令批准设立京师大学堂,任命孙家鼐为管学大臣,并制定了《京师大学堂章程》。这份《章程》是梁启超代总理衙门起草的,其中把藏书楼的建设放置在十分重要的地位。《章程》认为:"学者应读之书甚多,一人之力必不能尽购。……京师大学堂为各省表率,体制尤当崇闳。今设一大藏书楼,广集中西要籍,以供士林浏览,以广天下风气。"同时,《章程》对藏书楼的体制和经费预算做了种种具体规定。《京师大学堂章程》是中国近代高等教育史上成文最早、影响最大的官方正式文献，同时也是中国近代图书馆史，尤其是大学图书馆史上最早、最完备的建馆章程。

在京师大学堂成立的同时，官书局也并入了大学堂。这样，原强学会书藏和官书局藏书院的图书也归到了京师大学堂名下，成为京师大学堂的第一批藏书。可惜的是，这些珍贵的图书大都在庚子事变中被毁了。

光绪二十八年一月，清政府迫于朝野上下维新变法的压力，下令恢复已停办两年之久的京师大学堂，并任命张百熙为管学大臣。张氏是一位具有开明思想的教育家，他受命为管学大臣后，马上就把筹办藏书楼列为恢复京师大学堂的一个重要内容。他在《奏办京师大学堂》的奏折中建议："书籍仪器宜广扩也"的建议。

由张百熙主持制定的《钦定京师大学堂章程》也继承了原《京师大学堂章程》中重视藏书楼建设的精神。张氏的《章程》中把学堂中应有设备的第一项就列为图书，还正式规定"设藏书楼、博物馆提调各一员，以经理书籍、仪器、标本、模型等件"。同时还把重建藏书楼房舍列入《章程》，准备"于空旷处择地建造"。

京师大学堂创办之初的校址在地安门内马神庙（今景山东街）前的和嘉公主旧第，亦称四公主府。这座宅第的中心是一个大殿，殿中供奉着孔子的神位。大殿的后方有一座小楼房，相传是和嘉公主的梳妆楼，这里就是京师大学堂藏书楼的所在地。

藏书楼的主管人当时叫提调官。提调官系沿用古代的官职名称，明清以来任提调职的多是管理文化和教育事务的官员，如提调学校官、军机处番书房提调官、武英殿修书处提调官等，品级没有定制。京师大学堂中的提调官是仅次于管学大臣和总办的学官，共设有十人左右，分为两种不同的类型：一是协助总办处理日常工作和学生事务的，称"堂提调"；二是分管各项专门事务的，藏书楼提调即属此类。

1903年，清政府颁布全国高等教育纲领《奏定大学堂章程》，其中规定全国大学堂的藏书机构统称图书馆，主管人为图书馆经理官。这是我国的官方文件中首次使用图书馆的名称。但是在京师大学堂，人们仍习惯沿用藏书楼的旧称。当时的做法是：于楼额仍沿用藏书楼之名，而于章程则标为图书馆。而藏书楼的主管人，则从1904年起改为图书馆经理官。我们今天所说的京师大学堂藏书楼，也是指整个京师大学堂时期的藏书机构，亦即从藏书楼建立到1912年改称北京大学图书馆的整个时期。

京师大学堂复校后，就开始了建设藏书的活动。1902年，同文馆归并于京师大学堂，后改为京师大学堂译学馆。同文馆书阁，这所我国早期雏形的大学图书馆，其藏书成为京师大学堂复校后的第一批图书。

为了充实藏书，按照管学大臣张百熙的意见，从1902年初就以官方征调的名义收集各省官书局的图书。经清廷批准后，由管学大臣行文："迅饬官书局将已列各种经史子集以及时务新书，每种提取十部或数部，刻日赍送来京，以备归入藏书楼存储。……统归本省书局项下报销。"一般说来，只有国家图书馆才有权以国家政权名义在全国无偿征调图书，在当时中国没有国家图书馆的情况下，京师大学堂藏书楼实际上居于与国家图书馆相当的地位，才有可能这样做，并在多年中实际担负着收集和保存官方出版物这一国家图书馆的职能。

这种方法收效很大，1902年当年就收到了江苏、广东、湖北、湖南、浙江等省官书局的大批图书。再加上采买了一部分中外典籍，藏书楼初建时图书可达7.8万册左右。当时从各地征调的图书，大部分是经史子集旧籍，以及各省的地方文献等。但其中也有很多新学图书，即所谓"时务新书"，如驻日使馆和留日学生编译的《东三省铁路图》《悉毕利（西伯利亚）铁路图》等，都是由各省官书局刻印后送到京师大学堂的。

除了从各省官书局进书，京师大学堂藏书楼还十分注重采购民间的书籍。1903年就曾派人到南方各省专程采买书籍。此后还通过各种方法访求民间图书。经过数年的努力，收获很大，购置了大量民间刻印和流散的重要图书，其中包括许多宋元刻本、明清抄本等罕见珍品。

作为最高学府的藏书机构和享誉一时的图书馆，京师大学堂藏书楼还接受了许多官方和个人的馈赠。例如，1903年和1904年，外务部拨来《海关贸易通商总册》和《古今图书集成》各一部；1904年，巴陵方氏捐赠了碧琳琅馆藏书；1910年，清廷赏赐了《大清会典》三部；等等。这些捐赠的图书也是京师大学堂藏书楼重要的藏书来源，其中不乏其他途径采访不到的珍品。如方氏碧琳琅馆藏书，即出自清代著名藏书家方功惠。方功惠字庆龄，号柳桥，巴陵（今湖南岳阳）人，曾任广东道员，在广东任职30余年。他平生嗜好图籍，在广州建立"碧琳琅馆"用以藏书，全盛时曾达20余万卷，秘本极多，还有从日本佐伯文库收回的珍本。其收藏被时人誉为"粤城之冠"。方功惠于1899年去世后，碧琳琅馆藏书运至北京，适逢庚子之变，损失不少。其子方大芝是一位颇具开明思想的士绅，决定将所余藏书尽数捐赠给京师大学堂藏书楼。方大芝捐赠的图书共计1886种、22170册，当时约值银1.2万两。这部分图书后来成为北大图书馆善本藏书的基础。

经过多年的积累和建设，京师大学堂藏书楼具有了雄厚的馆藏基础，无论是古籍善本，还是西学图书，当时都处于全国领先的地位。从1910年图书馆经理官王诵熙主持编撰的《大学堂图书馆汉文图书草目》看，截至1909年，仅中日文图书就有八千余种。

京师大学堂藏书楼丰富的藏书受到了师生们的欢迎，也为这所新创立的大学图书馆带来了声誉。清末有一位名叫陈汉章的举人，原被京师大学堂聘为教席，但他到校后发现藏书楼的收藏十分丰富，就毅然决定不做教席而当学生，以求尽览藏书楼的书籍。经过六年的学习钻研，陈汉章于民国二年以甲等第一名毕业，后来成为著名的国学大师。他的研读精神和成才经历曾传为京师大学堂藏书楼的一段佳话。

京师大学堂藏书楼的建立与发展是我国近代图书馆史上的一件大事，对我国新式图书馆的成熟与完善有着极大的影响。

当时它虽然名为藏书楼，但其性质已完全是新型的大学图书馆。如果从其前身同文馆书阁和强学会书藏算起，它就是我国近代自行创办的最早的新式图书馆，也是当时规模最齐备、影响最广泛的图书馆。由于京师大学堂有着全国最高学府的地位，使得京师大学堂藏书楼在我国图书馆发展史上的作用远远超过了当时的一些传教士、学堂或开明缙绅所创办的新式图书馆。在1909年京师图书馆（今北京图书馆）正式成立之前，京师大学堂藏书楼实际上是我国新型图书馆的一面旗帜和楷模。从各地官书局缴送图书的情况看，京师大学堂藏书楼也在实际上履行着国家图书馆的职能。京师大学堂藏书楼在我国学校图书馆发展史上的作用尤为关键。由于京师大学堂兼有最高学府和全国教育管理机关的双重地位，所以它的办校、办馆方式实际上成了全国院校的一个范例。诚如当年梁启超等人所期望，京师大学堂藏书楼起到了"以广天下风气"的作用。此后，办学堂必建图书馆，建图书馆必取法于京师大学堂藏书楼，在当时兴办新式教育的潮流中已蔚成风气。这种局面的形成，是与京师大学堂藏书楼的作用和影响分不开的。

1912年，京师大学堂藏书楼改称北京大学图书馆，20年代亦曾称北京大学图书部。1918年，图书馆搬入新建成的北京大学一院红楼。1931年，北大图书馆搬入红楼北面的松公府。1935年，新馆建筑落成，建筑面积6600平方米，堪称国内一流的图书馆，在世界上也属先进行列。

1937年，全面抗战爆发，北京大学南迁，几经动荡，于1938年在昆明与清华大学、南开大学一起建立了西南联合大学,同时建立了西南联大图书馆。抗战胜利后的1946年,北京大学在北平复校,图书馆也从昆明回迁,同时接收了沦陷区的北大图书馆。

新中国成立后,1952年全国院系调整,北大图书馆迁至燕园的原燕京大学图书馆馆舍。1975年,图书馆新馆建设完工,面积达2.4万平方米,邓小平题写了馆名。2005年,扩建的西楼工程完成,总馆面积达到5.3万平方米。

现在,北京大学图书馆以世界一流大学图书馆的面貌呈现于世人面前。到2011年年底,文献资源累积量约1100余万册(件)。其中纸质藏书800余万册,以及近年来大量引进和自建的国内外数字资源约300余万。馆藏中以150万册中文古籍为世界瞩目,其中20万件为5～18世纪的珍贵书籍,是中华民族的文化瑰宝。外文善本、金石拓片、1949年前出版物的收藏均名列国内图书馆前茅。此外,还有燕京大学学位论文、名人捐赠等特色收藏。

2 各省官办公共图书馆及京师图书馆

在我国现代图书馆发展史上,真正奠定新型图书馆基础、起到了划时代作用的,当属各地区(尤其是省一级)官办大型公共图书馆和国家图书馆的建立。因为面向整个地区乃至全国的大型公共图书馆是整个图书馆事业的中枢和基础,也是国家图书馆事业崛起和形成的标志;而兴办这样的大型图书馆,又决非私家或团体之力所能办到,只能依靠政府兴办和公费支持才能实现。

20世纪初年，中国进入了史称"清末新政"的时期。1900年庚子事变不仅使国家付出了沉重的代价，也使清朝统治集团几乎陷入了灭顶之灾。在穷途末路之中，慈禧太后于1901年在避祸西安时就宣布要"变通政治"，实行新政。在此后的几年中，清政府相继采取了一些"变法新政"的措施，如将总理各国事务衙门改为外交部，成立商部，制定商律，奖励公司，开办学堂，选派留学，裁汰绿营，组练新军等。1906年清政府又宣布"预备立宪"。

正是在这样的历史背景下，兴起了中国历史上的第一次"新图书馆运动"。当时无论是中央政府的亲贵重臣及学部，还是各个地方督抚，都纷纷上奏设立图书馆。清政府也正式将建立京师和各行省图书馆列入了"预备立宪"的内容。从这时起，建设图书馆就变成了"官制"，也就是政府兴办的国家行为，不再是开明士绅倡导的民间活动，也不仅仅是开办新式学堂教育的附属物。应该说，清廷的一系列新政并不像后人所说的那样是"一场政治骗局"，图书馆的兴起就是其积极成果之一。

顺乎其势，在20世纪初年，各省的官办公共图书馆如同雨后春笋，相继在各地出现。这是在西方涌来的新思潮的推动下所产生的瓜熟蒂落的效应，也是几代有识之士多年奔走呼号、不懈奋斗的结果。公共图书馆成为"清末新政"得以留存下来的为数不多的有益成果之一，为衰朽的满清王朝的涂抹了最后几点亮色。

新式图书馆,尤其是各地官办公共图书馆的诞生,标志着中国图书馆事业从酝酿时期、萌芽时期,进入了全面的实施时期。这一时期各地建立的官办大型图书馆不下 20 所,情况如下表所列。

清末主要官办公共图书馆一览表
（以创办时间先后为序）

创办时间	名称	地点	创办人	备注
1903 年	浙江藏书楼	杭州	张享嘉	1909 年改浙江图书馆
1904 年 3 月	湖南图书馆兼教育博物馆	长沙	庞鸿书	1905 年正式定名为湖南图书馆
1904 年 8 月	湖北图书馆	武昌		
1904 年	福建图书馆	福州		
1907 年	江南图书馆	江宁(南京)	端方、缪荃孙	
1908 年 10 月	直隶省城图书馆	天津	卢靖	
1908 年	黑龙江图书馆	齐齐哈尔	徐世昌、周树模	
1908 年	奉天省城图书馆	奉天(沈阳)	张鹤龄	
1909 年 2 月	山东图书馆	济南	袁树勋	
1909 年 2 月	河南图书馆	开封	孔祥霖	
1909 年 5 月	吉林图书馆	吉林	锡良、陈昭常	
1909 年 7 月	京师图书馆	北京	张之洞、缪荃孙	
1909 年	陕西图书馆	西安	恩寿	
1909 年	归化图书馆	归化	三多	
1909 年	云南图书馆	昆明	沈秉堃	1910 年 3 月正式开馆

续表

创办时间	名称	地点	创办人	备注
1909 年	广东图书馆	广州	沈曾桐	由张之洞创办的广稚书局藏书楼扩建而成
1909 年	山西图书馆	太原	宝棻	
1910 年	广西图书馆	桂林	张鸣岐	
1910 年	甘肃图书馆	兰州	陈曾佑	
1910 年	上海图书馆	上海	盛宣怀	

在这些大型官办公共图书馆中,实力最雄厚、影响最大的是南京的江南图书馆和北京的京师图书馆。这南北两大图书馆的实际创建人,都是我国近代著名的图书馆学家缪荃孙。

缪荃孙,字炎之,一字筱珊,又作小山,晚年号艺风,江苏省江阴县人。道光二十四年(1844)生,1919 年卒,享年 76 岁。他是清末著名的史学家、教育家,也是名重一时的藏书家、目录学家和图书馆学家。缪荃孙青年时即致力于考据学、目录学和金石学。同治六年(1867)中举,光绪二年(1876)中进士,任翰林院编修,供职于史馆。其间曾被招入张之洞幕府,为张撰写《书目答问》。缪氏毕生酷爱图书,学识渊博,著述颇多,其中很多都是有关图书和目录学的。除在近代学术界影响极大的《书目答问》外,还有《艺风堂藏书记》《艺风堂读书记》《盛氏愚斋图书馆藏书目录》《京师图书馆善本书目》《各省志书目》《宋元本留真谱》等,堪称一代宗师。他的个人收藏"艺风堂藏书",经长期搜求,珍、善本极丰,全盛时曾达十多万卷。

江南图书馆创建于光绪三十三年（1907）。是年缪荃孙受两江总督端方的委派，出任江南图书馆监督，据缪氏自述："午帅（端方）奏派主图书馆事。十日，偕陈善余赴浙，购八千卷楼藏书，以七万元得之。丁氏书旋陆续运江宁。"这里所说的就是著名清末四大藏书楼之一的丁氏八千卷楼，这批珍贵的图书奠定了江南图书馆的藏书基础。此后，又陆续购买了许多图书，并接收清廷拨发的《古今图书集成》等，使江南图书馆的藏书日益丰富，在东南各省中产生了很大的影响。清廷学部曾称："各省设立图书馆，在宪政筹备之内，江南最为完备，经费颇省，来阅览者亦多。"可见江南图书馆是各省图书馆中的佼佼者，受到了当时朝野普遍的关注。

1912年，江南图书馆改称江南图书局，又改称江苏省立图书馆。民国期间，该馆曾多次易名，有江苏省立第一图书馆、第四中山大学图书馆、江苏大学国学图书馆、中央大学国学图书馆、江苏省立国学图书馆等称。新中国成立后，该馆与南京图书馆合并，现为南京图书馆古籍部。

在我国现代图书馆事业史上产生了划时代作用和最重要影响的事件，当首推京师图书馆的创建。如果说京师大学堂藏书楼是戊戌维新的直接结果，那么京师图书馆就是清末"预备立宪"的直接产物。

在首都设立国家图书馆的构想由来已久，郑观应、李端棻、梁启超等人都曾倡导过全国性的大型图书馆。然而由于历史的原因，国家图书馆的出现却明显落后于各省的官办图书馆。光绪三十二年（1906），罗振玉写了《京师创设图书馆私议》一文，再次比照西方诸国提出倡议："方今欧、美、日本各邦，图书馆之增设与文明之进步相追逐，而中国则尚阒然无闻焉。鄙意此事亟应由学部倡率，先规划京师之图书馆，而推之各省会。"并同时提出了择地建筑、请赐书、开民间献书之路、征取各省志书及古今刻石、置写官、采访外国图书等六项建议。至宣统元年（1909），清廷筹备立宪，学部于当年三月写出了《奏分年筹备事宜折》，提出于宣统元年"京师开办图书馆"和"颁布图书馆章程"的计划。这样。创办京师图书馆就成为预备立宪的内容，被正式列入政府日程。

筹建京师图书馆之事由学部大臣张之洞主持。据《张文襄公年谱》记载，宣统元年七月，张之洞病重，弥留之际呈上了《学部奏筹建京师图书馆折》，是张之洞生前的最后一个奏折。此项奏议于同年八月初五获清廷批准，是为京师图书馆正式诞生的标志。

缪荃孙被委任为京师图书馆监督（馆长）。缪氏接到任命后，当即赴江南协商购买常熟瞿氏的"铁琴铜剑楼"藏书。当时京师图书馆没有专门的馆舍，缪荃孙等人只能在城北广化寺整理图书。据现在所知，最初入藏的有翰林院和国子监的藏书及内阁大库残本，调集的各省官书，还征调了翰林院《永乐大典》、库伦"唐开元御制故阙特勤碑拓片"、敦煌经卷、常熟瞿氏藏书、湖州姚氏藏书、扬州徐氏藏书等善本入藏。京师图书馆中设正副监督各一人，提调四人。馆内事务分为典藏科、检查科、文牍科、庶务科四科，各科设正副科长各一人，科员、写官若干人。馆内没有正式的预算经费，用费均由学部请领，每月约千两银。

京师图书馆创建的第二年（宣统二年，1910），学部拟定的《京师团书馆及各省图书馆通行章程》正式颁布。这是我国官方第一个图书馆法规，也是我国图书馆事业史上的一件大事。该章程开宗明义，第一条即指出："图书馆之设，所以保存国粹，造就通才，以备硕学专家研究学艺、学生士人检阅考证之用，以广征博采、供人浏览为宗旨。"应该说这一思想是深得新型图书馆之精髓的。章程中对各种公共图书馆的收藏范围、职责、管理制度、流通方法均做了详明的规定，是我国图书馆事业成熟的集中体现。

以京师图书馆的建立和《京师图书馆及各省图书馆通行章程》的颁布为标志，中国的图书馆走完了从藏书楼到图书馆的曲折历程，由此完成了量变到质变的飞跃，一个新型的、西方式的、迥异于几千年藏书楼传统的现代图书馆事业宣告诞生了。

辛亥革命之前，京师图书馆处于搜求、整理图书的筹办阶段，一直没有对读者开放，原拟位于德胜门内净业湖的新馆也一直没有建成，暂借什刹海北岸的广化寺为馆址。

民国建立后，京师图书馆于1912年8月正式开馆。1917年，移至方家胡同原国子监南学旧址。1928年7月，更名为国立北平图书馆，馆舍迁至中南海居仁堂。1929年8月与北平北海图书馆合并，仍名国立北平图书馆。1931年，文津街馆舍（现古籍馆）落成，成为当时国内规模最大、最先进的图书馆。

1950年，更名为国立北京图书馆。1951年，更名为北京图书馆。1987年，白石桥新馆建成开放，邓小平题写馆名。1998年，北京图书馆更名为国家图书馆，对外称中国国家图书馆。2008年，国家图书馆二期工程暨国家数字图书馆（现称总馆北区）建成并投入使用。至此，国家图书馆建筑面积增至25万平方米，居世界国家图书馆第三位。

国家图书馆馆藏宏富，品类齐全，古今中外，集精撷萃。截至2012年底，馆藏文献已达3119万册（件），居世界国家图书馆第五位，并以每年近百万册（件）的速度增长。馆藏敦煌遗书、善本古籍、金石拓片、古代舆图、少数民族文字典籍、名家手稿等珍品290多万册（件），闻名遐迩，世界瞩目。

3 "五四"时期的北京大学图书馆

辛亥革命后的1912年，京师大学堂藏书楼更名为北京大学图书馆。

民国初期的北京大学总体上还处于落后的状态，封建官僚积习极为浓厚。图书馆也相应发展迟缓，管理混乱，服务滞后。当时的师生批评图书馆"藏置无多，而办理无方，难厌自修者之望"。据记载，北大图书馆的购书经费民国元年只有3.5两银，民国三年只有68.8元，而民国二年却有13108.5元，可见经费只是每年酌情拨发，数量很少，且极不稳定。

这种状况直到蔡元培出任北京大学校长、李大钊出任北大图书馆馆长后才得到彻底改观。

蔡元培（1868～1940），字鹤卿，号孑民，绍兴山阴人，是著名民主革命家、思想家和教育家。少年时曾在古越藏书楼校书，得以博览群书，接触新学，了解图书馆。清末曾中进士，任翰林院编修。早年积极从事教育活动，参加孙中山领导的反清民主革命。辛亥革命后出任南京临时政府第一任教育总长。

蔡元培1916年被任命为北京大学校长，1917年初到任。到任后，蔡元培对北京大学进行了大刀阔斧地整顿和改革，聘请了陈独秀、胡适、李大钊等一批有学识的新派学者任教，建立了一整套现代大学制度，提倡思想自由，兼容并包。通过蔡元培的鼎力革新，北京大学成功完成了向现代大学的转变，在全国教育界、学术界和思想界发挥出愈加重大的影响，为新文化运动和五四运动做出了重大贡献。

蔡元培还是一位热心图书馆的学者和教育家。早年就曾在故乡古越藏书楼受到图书馆的启蒙，提倡"自由读书"的精神。在毕生的著作和演讲中，蔡元培多次阐述图书馆的重要作用，倡导"无人不当学，无时不当学"，因此要大力建设图书馆。1912年出任教育总长后，所拟定的教育规划中就有把建设大学图书馆作为"革新之起点"的方针。就职北京大学校长伊始，他提出："余到校视事仅数日，校事多未详悉。兹所计划者二事：一曰改良讲义……二曰添购书籍。"（《就任北京大学校长之演说》）

蔡元培改进北大图书馆最为得力的措施，是聘任年仅30

岁的青年学者李大钊出任图书馆馆长。后来北大评议会还通过决议,"图书馆主任改为教授",使李大钊成为教授兼图书部主任。这里需要说明的是,从1920年开始,北大图书馆同时使用"北京大学图书部"的名称,大约延续了十年。这是因为校长蔡元培对北京大学的体制做出了改革,图书馆隶属总务处,而总务处下还有出版部、注册部、庶务部等机构,为统一规范而有了图书部之称。但北京大学图书馆的名称并没有被取代,对外的正式场合仍以图书馆称之。

李大钊(1889~1927),字守常,河北乐亭人,是中国共产主义运动的先驱,也是中国共产党的主要创始人之一。早年留学日本早稻田大学,参加爱国学生运动,回国后又积极参加了正在兴起的新文化运动。俄国十月革命后,李大钊成为中国最早的马克思主义者和共产主义者,也是五四运动的组织者和领导者之一。中国共产党成立后,李大钊主要负责北方区的工作。1927年4月,在北京被奉系军阀张作霖杀害。

李大钊不仅是一位杰出的革命家,同时也是成就卓著的图书馆学家,对我国图书馆学的研究和发展做出了许多重要的贡献。任北大图书馆馆长期间,李大钊发表了《在北京高等师范学校图书馆二周年纪念会演说辞》《美国图书馆员之训练》《关于图书馆的研究》等一系列图书馆学的重要论文,最早从理论上对我国图书馆,尤其是大学图书馆的许多重大理论问题,做了深入的研究和探讨,提出了许多深有影响的见解。同时,他还十分注意了解美国、英国、日本等国家的图书馆情况以吸收先进的经验和方法。李大钊所做的这些研究,实际上代表着当时中国图书馆界的最高水平。

更为重要的是，李大钊还是中国现代大学图书馆的奠基者和北京大学图书馆的杰出领导人。李大钊是经原图书馆馆长章士钊的推荐，由校长蔡元培聘请，出任北京大学图书馆馆长的，从1918年1月至1922年12月，任此职共有5年时间。在此期间，他对北大图书馆进行了一系列的整顿和改革，将其建设成为在全国属于领先地位的、具有重大影响的一流大学图书馆。

正是有了蔡元培、李大钊这样杰出的领导，北京大学图书馆在五四运动前后进入了一个黄金时代。1920年《申报》曾称："北京大学自蔡孑民任校长以来，特任李大钊氏任图书馆馆长。李氏本为社会学专家，对于增进文化事业，昕夕筹思，不遗余力，接办之后，即从整理着手，凡编制目录、改良收藏及陈列诸事，无不积极进行。"也正是因为李大钊在北大图书馆的卓越建树，《世界图书情报百科全书》称他为"中国现代图书馆之父"（ALA World Encyclopedia of Library and Information Services. American Library Association, 1980）。

李大钊在出任馆长期间，把北大图书馆办成了传播新思想、新文化和宣传马克思主义的阵地。图书馆一扫以往因循守旧、死气沉沉的局面，购买了一大批国内外进步书刊，其中有《新青年》、《劳动者》、《先驱》、Soviet Russia、The New Russia、Communist 等十余种进步杂志，以及德文版的《共产党宣言》《政治经济学批判》，日文版的《资本论》《资本论大纲》《马克思传》等40余种马列主义的著作。为了更好地宣传和流通这些书刊，李大钊经常以图书馆的名义在《北京大学日刊》上进行指导和推荐，同时还开辟了介绍马克思主义和俄国革命的专题阅览室。如 1920 年 12 月 1 日的《北京大学日刊》上曾刊登了《图书馆典书课通告》："兹将本校所藏有关俄国革命题之参考书二十三种，陈列本课第四阅览室内，以备同学诸君披阅。"这 23 种书中，有英文版的《布尔什维克的胜利》《列宁和他的工作》《无产阶级的伟大革命》《俄国布尔什维克》等。

在李大钊的领导下，北大图书馆实际上成了我国最早的宣传介绍马克思主义和俄国革命的思想阵地，是马克思主义在中国传播的起点之一；同时，李大钊也是在任北大图书馆主任期间完成了向共产主义者的转变，成为我国最早的马克思主义者。正如 1927 年在武昌追悼李大钊的大会上高一涵所说："入北大任图书馆主任，兼授唯物史观及社会进化史，此为先生思想激变之时。"

1920 年 10 月，北京共产主义小组（当时称北京共产党小组）就是由李大钊主持，在北大图书馆主任室成立的。北京大学社会主义研究会、北京大学马克思学说研究会、少年中国学会、《每周评论》编辑部等，也以北大图书馆为主要活动地点。

在李大钊的指导和支持下，一些进步学生于 1920 年年底成立了"北京大学马克思学说研究会"，并建立了专门收藏马列主义文献的藏书室，取名为"亢慕义斋"。"亢慕义"即英文 Communism（共产主义）的音译。曾经参与其事的当时北大学生罗章龙，在

《亢斋回忆录》中对此有过一具体生动的描述:

> 守常先生领导我们建立的"亢慕义斋",既是图书馆又是翻译室,还做学会办公室,党支部与青年团和其他一些革命团体常在这里集会活动。……"亢斋"室内墙壁正中挂有马克思像,像的两边贴有一副对联:"出研究室入监狱,南方兼有北方强",还有两个口号:"不破不立,不立不破",四壁贴有革命诗歌、箴语、格言等,气氛庄严,热烈。

现在北大图书馆还保存有一批盖有"亢慕义图书馆"印章的图书,都是极为宝贵的文献。从1922年2月的统计中可知,当时亢慕义斋已有马克思主义的英文书籍40余种、中文书籍20余种,基本上包括了马克思、恩格斯、列宁的主要代表著作。此外,现存于北大图书馆的有8本盖有"亢慕义斋图书"的德文共产主义文献,据说是由共产国际代表维经斯基等人秘密送与李大钊的。在"五四"前后,马克思主义学说刚刚传入中国的时候,"亢慕义图书馆"即已有了如此完整系统的马列主义文献收藏,实属难得。

受到北大图书馆直接影响的有一大批追求进步的青年,他们当中有邓中夏、罗章龙、毛泽东、张国焘、刘仁静、张申府、高君宇、何孟雄等,都是后来中国政坛的风云人物,其中最为重要的是毛泽东。

毛泽东在青年时代曾两次与北京大学图书馆发生关系,一次在 1918 年 9 月至 1919 年 3 月，一次在 1919 年 12 月至 1920 年 4 月。

1918 年 8 月，为了组织新民学会会员和湖南学生去法国勤工俭学，毛泽东第一次来到北京，先是住在他在湖南第一师范时的老师、当时的北大教授杨昌济家中，后又与蔡和森等人搬到景山东街的一间民房里。经杨昌济介绍，毛泽东认识了李大钊。

由于生计，毛泽东需要找个工作，为此毛泽东和蔡和森等给北大校长蔡元培写了信。蔡元培建议毛泽东在北大图书馆工作，并给北大图书馆主任李大钊写了一张条子说："毛泽东君实行勤工俭学计划，想在校内做事，请安插他在图书馆。"在李大钊的安排下，大约在 9 月底，毛泽东到北大图书馆工作。

关于毛泽东在北大图书馆的工作职务，许多论著都称为"图书馆助理员"。但是，当时北大图书馆的各种工作人员中并没有叫"助理员"的，而且北大的其他机构中也没有"助理员"这一名称。依据 1920 年编撰的《国立北京大学职员录》，当时的北大图书馆除主任外，工作人员分为四种：(1) 助教，1920 年 9 月始设，聘用的都是本校的大学毕业生；(2) 事务员，一般是资历较深的工作人员，图书馆下属各课的"领课"（即课长）就明文规定"由一等事务员充任之"；(3) 书记，一般是新增聘的生手，北大图书馆就曾在《北京大学日刊》上公开招聘书记；(4) 杂务人员，有装订匠、打字员、缮写员等。从当时的情况看，毛泽东只可能是任"书记"一职。

查毛泽东在北大图书馆任"图书馆助理员"之说的来源，主要出自斯诺的《西行漫记》（即《红星照耀中国》）。毛泽东在延安时对斯诺说："李大钊给了我图书馆助理员的工作。"毛泽东的回忆被斯诺用英文记入了《西行漫记》，原文是"assistant librarian"，也可以理解为图书馆的"助教"。从毛泽东当时的资历、待遇和他所从事的工作看，都与助教的情况不同，而且任职时北大图书馆还没有助教这一称谓。《西行漫记》是用英文记述的，因此"图书馆助理员"之说很可能是译者由 assistant librarian 一词望文生义而成的。这一流传甚广的说法，实际上并不可靠。

当时北大图书馆刚刚从旧馆舍迁入新建成的红楼，主要由五个阅览室组成，第一阅览室置中文杂志，第二阅览室置中外报纸，第三阅览室置外文杂志，第四、第五阅览室置中外书籍。毛泽东在图书馆负责第二阅览室，即报纸阅览室，地点在红楼一层西头。他的具体工作是每天登记新到的报纸和阅览人姓名，管理 15 种中外文报纸。这 15 种报纸是：天津的《大公报》，长沙的《大公报》，上海的《民国日报》《神州日报》，北京的《国民会报》《惟一日报》《顺天时报》《甲寅日刊》《华文日报》，杭州的《之江日报》，沈阳的《盛京时报》，英文的《导报》，日文的《支那新报》（两种）和《朝日新闻》。

毛泽东在北大图书馆每月的工资是 8 元。当时北大助教的月薪约 50 元至 80 元，教授月薪至少在 200 元以上。收入虽然菲薄，却保障了毛泽东在北京的生活，使他得以完成了组织留法勤工俭学的工作。更为重要的是，毛泽东在北京大学结识了李大钊等一批我国最早的一批马克思主义者，阅读了许多进步书刊以及当时还不多见的马克思主义的书籍，对其日后的影响颇为关键。

1919年3月，毛泽东偕同一批留法青年赴上海，离开了北大图书馆。1919年12月，为了驱逐湖南军阀张敬尧，毛泽东率领"驱张代表团"，第二次来到北京，1920年4月离去。

在第二次到北京期间，毛泽东虽然没有再到北大图书馆工作，但仍与北大图书馆有着关系。他所领导的"驱张运动"很多活动就是在北京大学中开展的。在此期间，毛泽东还参加了李大钊、邓中夏等人创办的"少年中国学会"。同时，毛泽东利用北大图书馆读了不少马克思主义的书籍。据毛泽东后来对斯诺的叙述，他的马克思主义信仰就是在此前后通过阅读马克思主义书籍而确立的。

在过去"造神"的年代里，这段历史被说成是"红太阳照红楼"，其作用显然被夸大和歪曲了。实际上，当时的毛泽东只是个追求真理的青年，尚不是举足轻重的领袖人物。毛泽东回忆这段经历时说："我的职位低微，大家都不理我。我的工作中有一项是登记来图书馆读报人的姓名，可是对他们大多数人来说，我这个人是不存在的。在那些来阅览的人当中，我认出一些有名的新文化运动头面人物的名字，如傅斯年、罗家伦等等，我对他们极有兴趣。我打算去和他们攀谈政治和文化问题，可是他们都是些大忙人，没有时间听一个图书馆助理员（按：实际是书记，下同）说南方话"。这应是当时真实的情况。

但是,毛泽东在北大图书馆的经历,也不是一件无足轻重的事情,不能将其历史作用一笔抹杀。

毛泽东第一次来北京期间,正值五四运动前夕,新文化运动蓬勃发展,马克思主义开始传播。北大图书馆馆长李大钊是我国最早的马克思主义者,北大图书馆则是当时传播新思想、新文化和马克思主义的阵地。毛泽东说:"我在李大钊手下在国立北京大学当图书馆助理员时,就迅速地朝着马克思主义的方向发展。"

对于第二次来北京,毛泽东后来回忆说:"我第二次到北京期间,读了许多关于俄国情况的书。我热心地搜寻那时候能找到的为数不多的用中文写的共产主义书籍。有三本书特别深刻地铭刻在我的心中,建立起我对马克思主义的信仰。我一旦接受了马克思主义是对历史的正确解释后,我对马克思主义的信仰就没有动摇过。这三本书是:《共产党宣言》,陈望道译,这是用中文出版的第一本马克思主义的书;《阶级斗争》,考茨基著;《社会主义史》,柯卡普著。到了1920年夏天,在理论上,而且在某种程度的行动上,我已成为一个马克思主义者了,而且我也认为自己是一个马克思主义者了。"

这三本书北大图书馆当年均有收藏,它们是:马克思和恩格斯(当时译作马格斯和安格尔斯)的《共产党宣言》,陈望道译,1920年社会主义研究社出版,"社会主义研究小丛书"第一种;考茨基(当时译作柯祖基)的《阶级争斗》(上文中误记为"阶级斗争"),恽代英译,1921年新青年出版社出版,

"新青年丛书"第八种；克卡朴（上文中记为柯卡普）的《社会主义史》，李季译，蔡元培序，1920年新青年出版社出版，"新青年丛书"第一种。这三本书现在仍存北大图书馆。这三本对毛泽东影响极大的书，除了第二种出版时间偏迟外，其余两种毛泽东很可能是在第二次来京期间在北大图书馆中读到的。

从图书馆历史的角度看，毛泽东两次到北大图书馆也是一件大事。这虽然与毛泽东后来在中国历史上的重要地位有关，但更为重要的是，此事反映出当时中国图书馆事业的发展和进步，以及在社会上的重要影响。我国最早的一批马克思主义者中，有许多人马克思主义信仰的形成均与北大图书馆有关。上文所提到的三本书，毛泽东便有可能在北大图书馆中读到了两本。即使毛泽东不是在北大图书馆读到这些书，北大图书馆对这三本书的完整收藏也说明了图书馆在社会历史进程中的重要作用。因为这三本书既然对毛泽东建立马克思主义信仰起到了如此重要的作用，也就能够同样影响其他的青年。从图书馆史的角度来看待毛泽东在北大图书馆的经历，其重要意义就在于此。

4 文华公书林

在20世纪初年，在武昌凤凰山下的昙华林，兴建起一座美国模式的新式图书馆，这就是曾在中国现代图书馆历史上发挥过非比寻常的重要作用的"文华公书林"。

说起这座著名的开放式图书馆,首先要提到它的创建者,旅居武昌的美国图书馆员韦棣华。这位传奇式的女图书馆员,被曾任民国大总统的黎元洪称为"中国现代图书馆运动的皇后"。

韦棣华(Mary Elizabeth Wood,1861-1931),出生于美国纽约州巴达维亚((Batavia N. Y.)附近一个名叫埃尔巴(Elba)的小镇。同胞姐弟八人,韦棣华居长,是家中唯一的女孩。来华前曾在家乡的理奇蒙德纪念图书馆(Richmond Memorial Library)工作了十年。还有人考证她曾出任过这家图书馆的馆长。早期的图书馆工作经验为她以后在中国兴办图书馆和推动图书馆事业奠定了基础。

1899年年初,韦棣华的弟弟韦德生(Robert Edward Wood,1876-1952)被美国圣公会派赴武昌圣公会传教。此时正值中国义和团运动兴起,不断出现烧教堂、杀教士的事件。消息传到美国,引起韦棣华对其弟安全的担忧,于是只身来华探视,于1900年5月抵达武昌。发现其弟安然无恙,颇感欣慰,于是便留居武昌。

当时武昌城中有座由美国圣公会于1871年创办的教会学校文华书院,英文全称是 Bishop Boone Memorial School,即"布恩主教纪念学院",简称 Boone School,是为纪念美国圣公会第一位来华传教的文主教(William Jones Boone,1811-1864,中文名文惠廉)而设立的。据称,"文华"者,意谓"文章华国",暗含"文主教在华传教"的意思。这座已有近30年历史的文华书院,也由于义和团骚乱的缘故,于1900年秋停办了半年，1901年春复校。文华书院复校后急需教员，于是韦德生便推荐韦棣华进入文华书院担任英语教员。

韦棣华在教学中发现，文华书院的图书非常缺乏。出于曾经任职图书馆的职业本能，她觉得应该建立一所图书馆来解决学生的课外阅读之需。于是在授课之余，她便在该校校园内称为"八角亭"的一间小屋内，陈列所能搜集到的外文报章杂志供学生阅览。当时学生称它为"报房"，此即文华公书林的雏形。

这时的文华书院逐渐有了较大的发展和改观，由原来的中学，于1903年增设高等科，招收三年制学生，颁发文理学院毕业文凭。文华书院的英文名称遂改为 Boone College，中文校名不变。此时韦棣华的"报房"已扩大到两大间，取名为文华书院藏书室（Boone College Library）。

韦棣华虽然是一名虔诚的基督教徒，但她的来华并未负有传教的使命。鉴于韦棣华依托教会做出了卓有成效的工作业绩，美国圣公会于1904年任命韦棣华为世俗传教士。

在此后的1906~1907年，韦棣华开始筹办一所正规的图书馆，这是一个宏大而艰巨的计划。她在致力于文华书院藏书室建设的同时，发现"在全中国没有一所可以正确地称为公共图书馆的设施"，使她产生了发展中国公共图书馆的念头，建立"一所不仅供学生用也供大众用的图书馆"。

1906年文华书院开始准备扩建成大学，于是韦棣华亲自策划，向学校建议建立一所图书馆。这年年底，在她阔别七年之后，首次返回美国，开始长达18个月的准备工作。返美后，韦棣华进入纽约布鲁克林的普拉特学院图书馆学校（Pratt Institute Library School in Brooklyn, New York）进一步学习深造，同时四处演讲，寻求资助。

她抵达美国不久，即在 The Spirit of Missions 杂志 1907 年 1 月号上发表了《为中国中部建立一所基督教的图书馆》（A Christian Library for Central China）一文，发出请求："使我们的梦想得以成为现实，在华中地区出现一所基督教图书馆"。文中她除了提出建立这座图书馆的必要性和迫切性之外，还具体地提出了建立这所图书馆的规模和所需的款项，即建造一所供公众用，也供学院用的图书馆，其造价约为 15000 美元，以"解决这个古老民族的图书馆饥荒"。同年 5 月她又在美国图书馆协会（ALA）第 29 届年会上宣读了《一个中国城市的图书馆工作》（Library Work in A Chinese City）的论文，介绍了她在武昌的图书馆工作的情况，第一次将中国图书馆情况向美国图书馆界作了介绍，并阐述了在中国创设图书馆的必要性和可行性。

在她的努力下，此行大约获得了一万美元的捐款和大量赠书。她于 1908 年夏返回武昌，并随船将个人用品悉数运来中国，从此定居中国。她来到中国时只有 30 多岁，没有结婚，直到 71 岁在武昌去世，将后半生全部贡献给了中国的图书馆事业。

韦棣华回到中国后便开始新图书馆建筑的筹划和建造。图书馆于 1910 年春落成，正式取名为文华公书林。有学者指出，"公书林"这一名称非常漂亮得当，相比"图书馆"，更能够准确地表达 library 一词的确切含义，更能体现出现代图书馆的精神。很可惜这一名称没有传播开来。

文华公书林的落成是中国图书馆事业发展史上具有轰动性的一件大事。这座颇为壮观的"崇楼杰阁"，号称"十万元之建筑，三万册之图书"。同时，它还是我国最早按美国图书馆模式建成的一所开放式的图书馆，也是我国第一座真正意义上的公共图书馆。在韦棣华的倡导下，文华公书林不仅是大学的图书馆，还对武汉三镇的各界民众开放，被蔡元培誉为"弥孚众生"。韦棣华本人非常坚持文华公书林的公共图书馆属性，反对它为文华书院（后改称文华大学校，Boone University）所私有。直到她逝世前于 1930 年 12 月 10 日所立的四项遗嘱中，第一项便强调文华公书林"必须保持独立，为民众服务"，不能仅作为大学的图书馆。

韦棣华对中国图书馆事业发展的贡献是多方面的，不仅仅限于文华公书林。1920 年，她和她的学生沈祖荣、胡庆生一起创办了"文华图书馆学专科学校"，简称"文华图专"，开创了中国图书馆学教育的先河。文华图专是武汉大学图书馆学系的前身，后改称武汉大学图书情报学院、武汉大学信息管理学院，是我国历史最悠久、规模最大的图书馆学教育与研究机构。韦棣华还积极参与了"庚子赔款"处置工作。为使这笔款项能够用于中国的教育文化事业，她联络中国二百多社会名流向美国和中国的政府呼吁，还到美国游说了二百多名国会议员，使美国国会通过议案，规定退还的"庚子赔款"三分之一用于文化教育。现在国家图书馆位于北海文津街的馆舍就是用这笔款项建造的。韦棣华还积极推动中华图书馆协会的建立，并使中华图书馆协会成为国际图书馆协会联合会（简称国际图联，IFLA）的发起国之一。1927年，在英国图书馆协会成立50周年庆祝大会上，韦棣华代表中国图书馆协会签字，与美国、英国等十四个国家图书馆协会的代表共同创建了国际图联。

1930年，全国各地图书馆界开始筹办一个活动，纪念韦棣华来华三十周年，文华公书林建成二十周年和创办文华图专十周年。就在这一活动即将开始的时候，韦棣华因癌症而一病不起，活动被迫推迟到第二年5月。就在第二年临近活动开始的前五天，韦棣华去世了。

在韦棣华的生前与身后，文华公书林经历了辉煌而又曲折的发展道路。

文华公书林建成后，韦棣华自任总经理，委派她的学生沈祖荣做协理，后来胡庆生也参加了公书林的工作。沈祖荣、胡庆生后来都曾赴美国学习图书馆学，成为中国第一代图书馆学家，也是现代图书馆学教育的开创者。

当时的公众对图书馆这一新生事物都比较陌生，没有利用图书馆的意识，学生也缺乏在图书馆精心研求的习惯。文华公书林就想尽办法吸引读者，在校内外开展各种宣传活动，号召人们前来利用，并给来馆借阅者以周到的服务。在馆内实行开架借阅，让读者直接在书架上寻求书籍。这不但在当时的中国没有先例，即使在欧美也只有少数图书馆试行。于是来馆读者日见增多，公书林的影响也开始影响到武汉三镇。由于三镇范围广大，两江分割，许多读者不方便直接来馆借阅，于是又先后在圣迈克尔教堂（St. Michel's Church）和三一教堂（Trinity Church）设立阅览室。前者主要供该教区民众、士兵和学生使用，后者主要供商人、店员使用，方便了人们就近阅览。1914年又进一步建立"巡回文库"制度，将各种书籍，每箱50～100册，装箱分送到各个学校、机关、工厂陈列，就近阅览，并定期交换。同时还举办各种演讲会、音乐会、戏剧表演等活动，扩大影响。采取这些措施后，文华公书林遂名播武汉三镇，影响遍及全国。

对于韦棣华等人的这种先进的图书馆服务理念和措施，当时并非所有的人都能接纳，尤其是文华大学校方难以接受。以致文华大学校长翟雅各去世时（1918年逝于江西九江），遗命将其藏书赠上海圣约翰大学图书馆，而未赠予文华公书林，足见其成见之深。

1920年初，韦棣华、沈祖荣、胡庆生三人又开始酝酿和筹备文华公书林的扩充计划，分别向国内外筹款。1922年1月，扩充改造工程竣工，文华公书林比原来扩大了三分之一。

至全面抗战爆发前，文华公书林的中外藏书已达44560册，其中中文书籍为11300册，外文（主要为英文）书籍33260册。此外还建有若干特藏，其中"韦氏参考书专藏"、"罗公瑟士纪念室西文汉学专藏"以及"孙公纪念室商学专藏"等，这在远东地区是独一无二的。而图书馆学方面的中外文书刊最为丰富齐全，在国内也是绝无仅有的。

全面抗战爆发后，1938年武汉沦陷，曾经辉煌一时的文华公书林藏书损失殆尽,先进的设备被掠夺一空,上千件的博物收藏也不知去向。

抗战胜利后,该建筑虽然幸存,但已败坏不堪。复原后,又为先期迁回武昌的华中大学所占用。文华公书林从此失去了其公共图书馆的职能,文华图专也失去了这块教学和实习的基地。

新中国成立后,华中大学改组为华中师范学院,20世纪50年代后期,华中师院从昙华林迁出,原址遂移交给湖北中医学院。文华公书林虽然曾一度被列为武汉市的历史保护建筑,却在1987年前后建中医学院研究生宿舍时,按"危房标准"拆除。1998年武汉市房地局还把一块作为"二级保护建筑"的文华公书林铜牌,张冠李戴地嵌在不相干的另一座建筑上,这座建筑最后也被拆除了。一代名馆,就这样烟消云散,留下了无处凭吊的永远遗憾。

5 涵芬楼及东方图书馆

清末民初是现代图书馆事业创立和迅速发展的时代,官办图书馆成为主流。但这一时期私人及团体兴办的图书馆也占有一席之地,如梁启超发起的为纪念蔡锷(松坡)建立的松坡图书馆,黄炎培等人建立的鸿英图书馆,上海总商会图书馆,中华书局图书馆等,都曾名重一时。其中最负盛名的是上海商务印书馆涵芬楼及东方图书馆。

涵芬楼的创办者是著名现代出版家张元济(1867~1959)。

张元济字筱斋，号菊生，浙江海盐人。出身于书香门第，藏书世家，他的祖上是海盐藏书、刻书名家，"涉园"的创始人张奇龄，至张元济已经十代。张元济是光绪十八年（1892）进士，曾任总理各国事务衙门章京。因积极参与戊戌变法活动，失败后被革职。1902年加入商务印书馆，不久后任新筹建的编译所所长。1916年任商务印书馆经理，1920~1926年改任监理，1926年任董事长直至逝世。1949年出席中国人民政治协商会议，是第一、二届全国人大代表，上海文史馆馆长。

从1904年开始，张元济着手筹建商务印书馆图书馆，取名涵芬楼。其初衷是为研究著译提供参考，满足编译所的工作需要，并为影印出版古籍准备底本。

1906年，浙江归安陆氏皕宋楼藏书出让。皕宋楼是陆心源所创，晚清著名四大藏书楼之一。张元济闻之，立即与陆氏后人联系，愿意以八万元收购。但最后陆氏却以十万元之价卖与日本财阀岩崎氏，令张元济痛心疾首。

此次阻止皕宋楼藏书外流的失败，激发了张元济搜求书籍、抢救国故的决心。在其后的几年间，涵芬楼陆续搜集了绍兴徐氏、长州蒋氏、太仓顾氏、清宗室盛氏、丰顺丁氏、江阴缪氏等诸多藏书大家出让或散出的图籍，藏书日渐丰富。至民国初年，涵芬楼已经富甲一方，成为称盛一时的著名图书馆。据统计，涵芬楼此时汇集了宋本129种2514册，元本179种3124册，明本1419种15833册，清代精刻138种3037册。此外还有抄本1460种7712册，名人批校本288种2126册，稿本

71种354册。共计有经部354种2973册,史部1117种11820册,子部1000种9555册,集部1274种10735册。这样的规模与质量,虽不能及陆心源的皕宋楼,但也大大超过了黄丕烈的著名藏书楼"百宋一廛"所藏。

张元济在不遗余力收集古籍善本的同时,还慧眼独具,对于当时不为一般藏书家所重视的地方志文献,也有意识地加以收集。他认为,传统上的地方志虽不列入善本但其间珍贵之记述,要比善本犹重。在清末时,地方志普遍没有人买,只有日本人买。书铺以"罗"论价,一元钱一"罗"。所谓一"罗",就是把书堆起来有一手杖高。即使是少见的善本志书,因为无人过问,价钱也很便宜。张元济不忍看着大批方志流入东土,加之商务印书馆当时要编纂各种历史、人名、地名等大型辞书,需要这些各地方志文献以供参考。因此,涵芬楼很快就搜集了各地各个时期的地方志2600余种25800余册,包括元本2种、明本39种、清代及民国时期刊2524种,其中不乏海内孤本。涵芬楼因此成为当时收藏地方志文献仅次于国立北平图书馆和故宫博物院图书馆的收藏机构,居全国第三位。

由于涵芬楼要满足商务印书馆编译人员查检资料所需,故藏书除大量善本古籍和丰富的地方志文献外,还有晚清以来我国各地出版的各种报纸杂志。其中完整收藏的报纸有上海的《时报》《神舟日报》《民国日报》,天津的《大公报》《益世报》。杂志则更多,如《新民丛报》《国闻周报》,以及商务印书馆自己出版的《东方杂志》《绣像小说》《小说月报》等。此外还有外文原版图书2万余册,其中有15世纪前出版的欧洲古籍多种。这样的收藏在当时十分稀见。

如同历代许多有成就的藏书家一样，张元济信奉"藏书不如刻书"。在他的主持下，商务印书馆整理校勘出版了许多对后世影响很大的古迹丛书，如《涵芬楼秘笈》《四部丛刊》《续古逸丛书》《百衲本二十四史》《丛书集成初编》《续藏经》《正统道藏》《学海类编》《四库全书珍本外集》《选印宛委别藏四十种》等多种大型古籍丛书，对现代学术文化研究起到了重要作用。

在1921年为纪念商务印书馆创立25周年之时，张元济提议创办公共图书馆。商务印书馆遂出资在上海宝山路商务总厂对面建造了四层楼钢筋混凝土大楼，将涵芬楼藏书移入，又增添报刊、商务版图书等阅览室，定名为东方图书馆，王云五任馆长。1926年5月3日，正值纪念商务印书馆建馆30周年之际，东方图书馆正式开馆对公众开放。在新馆三楼，专辟一室储藏善本，仍用旧称涵芬楼。1928年又增设儿童图书馆。1929年设置流通部，采购新书数万册，读者缴纳保证金后，均可凭证借书。

东方图书馆是当时最大的私立图书馆。新馆落成时藏书已有20余万册。至1931年，已有藏书502765册，其中中文图书约40万册，善本书3745种35083册。无论是藏书数量、质量，还是其先进的理念和办馆方针，都堪称是当时全国首屈一指的图书馆之一，为社会文化和学术研究做出了卓越的贡献。

令人深感愤慨的是，1932年日本侵略军在上海发动

"一·二八"事变,淞沪抗战爆发,日军轰炸机向商务印书馆投下六枚炸弹,,总厂被炸毁,日本浪人又潜入东方图书馆纵火,使这座著名图书馆一夜间全部化为灰烬。时人曾这样描述:是时浓烟遮蔽上海半空,纸灰飘飞十里之外,火熄灭后,纸灰没膝,五层大楼成了空壳,其状惨不忍睹。张元济与同仁们抱头痛哭:"连日勘视总厂,可谓百不存一,东方图书馆竟片纸不存,最为痛心!工厂、机器、设备都可以重修,唯独我数十年辛勤收集的几十万书籍,今日毁于敌人炮火,是无从复得,从此在地球上消失了。"这是我国文化史上的一场罕见的浩劫,从此辉煌一时的涵芬楼及东方图书馆不复现于后世。

后来披露的史料证明,日军对全国最大的文化机关商务印书馆的轰炸完全是有预谋的、有针对性的。当时的侵华日军海军陆战队司令盐泽幸一就曾直言不讳地说:"炸毁闸北几条街,一年半就可恢复,只有把商务印书馆、东方图书馆这个中国最重要的文化机关焚毁了,它则永远不能恢复。"其狼子野心昭然于世。

永远留存史册的是涵芬楼、东方图书馆及其创始人张元济的精神和业绩。正如张元济晚年书写的一副对联所阐述:"数百年旧家无非积德,第一件好事还是读书。"这恰是作者一生追求的写照。

为纪念张元济对文化、出版和图书馆事业的贡献,1987年在浙江海盐建立了"张元济图书馆"。陈云题写馆名,纪念室中摆放着汉白玉的张元济半身雕像。图书馆中保存有张元济的著作、手稿和生平事迹资料,还有商务印书馆版本阅览室,保存和陈列商务印书馆近百年来的出版物，现共有版本6000多种、1万余册，包括北京、香港、台湾等地的商务印书馆赠送的大量图书。

6 燕京大学图书馆

恰如上文所介绍，教会图书馆在中国现代图书馆的发展史上曾起到过至关重要的作用。如果专就教育领域看，教会大学及其图书馆在中国的出现和发展，有着一个复杂曲折的历史过程，在我国现代教育史及图书馆事业史上占有一席之地：我国最早的新式学校是1839年传教士在澳门开办的马礼逊学堂，第一所大学图书馆是1888年圣公会创办的圣约翰大学图书馆，第一所图书馆教育专科学校是与教会关系甚深的韦棣华在1920年创办的武昌文华图专。

大体说来，在19世纪末，教会大学的目的只是为了传教，宣扬教义的福音书是其主要的课程，大多数教会大学的图书馆收藏也以西文书、宗教书为主。五四运动之后，中国知识分子的民族意识和爱国热情不断高涨，逐渐形成了针对各种教会学校的收回教育权运动。教会学校面对形势的变化和中国民族主义的挑战，为生存计，采取了"中国化"的方针，如接受中国政府的注册和管理，取消硬性的宗教崇拜和宗教课程，学校的最高行政职务由中国人担任等。这时的教会学校图书馆也开始大量收藏中国书籍，有的在文史古籍方面甚至超过了国内其他类型的大学图书馆。在这场变革之后，教会学校及其图书馆虽然仍保存了自身的一些特点，但与其他大学及其图书馆的界线已变得不甚明显了。

中国教会学校这种发展变化的轨迹，集中地体现在了燕京大学身上。燕京大学的创始人和主办者是司徒雷登（John Leighton Stuart，1876－1962）。司徒雷登出生于杭州，父母均为美国在华传教士。司徒雷登1904年开始在中国传教，曾参加建立杭州育英书院（即后来的之江大学）。1919年起任燕京大学校长、校务长。1946年任美国驻华大使，1949年8月离开中国。1962年逝于美国华盛顿。

燕京大学在1919年成立后，早期的课程偏重于宗教和西学，教员也以外国人为主。20年代起，在司徒雷登的主持下，燕京大学率先进行了"中国化"的变革。1926年建成的古色古香充满中国传统建筑格调的新校园，就绝妙地体现出司徒雷登等燕京大学决策者的指导思想：寓西于中，中西结合，注重保留中国的文化传统。燕大首倡废除宗教必修科目和公共礼拜仪式，注重中国文史课程，聘请了许多著名的国学大师为教员，还积极参与建立了鼓励中国文史研究的"哈佛燕京学社"及其图书馆。

正如时人所说，在司徒雷登的努力下，燕京大学在形式和精神上都已成为"真正的中国学校"。燕大也因此而成为中国教会学校中声誉卓著的佼佼者。燕京大学云集了当时的一批大师，陈寅恪、郑振铎、周作人、钱玄同、许地山、费孝通、郭绍虞、邓之诚、顾颉刚、张友渔、容庚、钱穆、吴文藻等都曾在燕京大学任教。在1941年太平洋战争爆发后燕大曾南迁成都，抗战胜利后回北平复校，1952年院系调整时与北京大学合并，燕京大学前后凡33年。在如此短暂的时间里，其间还受到日本侵华战争的严重干扰，注册学生总共不超过一万名，却为中国培育了一大批高水平的人才，很多是各个领域的领军人物。其中中国科学院院士42人，中国工程院院士11人，其他卓有成绩者不计其数，可说是科学家的摇篮。"二战"时，中国驻世界各大城市的新闻特派员，十分之九是燕京大学新闻系的毕业生。

燕京大学图书馆发展的历程，可以看作是中国教会大学图书馆的一个缩影，也是中国现代图书馆尤其是现代大学图书馆发展史上的一个重要组成部分。

与燕京大学相同，燕京大学图书馆成立于1919年，结束于1952年。其间33年的历史可以大体划分为四个阶段。

第一阶段从1919~1925年，可称为初创时期。燕大图书馆与燕京大学同时成立，馆舍在盔甲厂。初时只有一间房舍，二百册藏书。这一时期燕大图书馆的发展极为缓慢，至1925年馆舍只有三间房屋，藏书13000册，而其中的西文藏书几乎比中文藏书多一倍。

第二阶段以1926年新馆舍落成为标志，可称为鼎盛时期。新馆馆舍位于燕大男女两校的中央，是一座仿文渊阁的中式风格建筑。馆舍地上三层，地下一层。第一、第二层为读者服务区，主要有出纳处、目录厅、阅览室、研究室等，可容纳读者三百余人。第三层为书库，内又分二层，可贮书约三十万册。地下则用作储藏室。1935年馆舍曾做了改建，扩大了使用的面积。根据燕京大学的惯例,建筑物多以捐助者的姓氏命名,因此图书馆又以其捐助者伯利夫妇之名而称为伯利纪念馆(Berry Memorial)。当时国内具备如此馆舍条件的图书馆尚不多见。

这一时期燕大管理图书馆事务的机构称"大学图书馆委员会",下设各种专门委员会,如中文书籍审购委员会、西文日文东方学书籍审购委员会、学系图书室问题委员会、学校书款分配委员会、普通西文书籍审购委员会等。大学图书馆委员会的委员由图书馆主任和校内一些有名望的教授组成,如洪业、陈垣、马鉴等都曾任此职。图书馆中设主任一人,下有六部十三股的机构,形成了较为完善的管理体系,馆内的工作人员也由1926年的十余人发展到三十多人。

除司徒雷登外,对于燕大图书馆的发展和鼎盛贡献最大的是洪业和田洪都。洪业,字鹿芩,号煨莲,早年留学美国,回国后即在燕京大学任教,曾长期担任大学图书馆委员会主席,并1928年间代理了一年的图书馆主任。在燕大图书馆的建设中,洪业起到了十分重要的作用。他主持制订了一系列图书馆的规章制度,购置了大量的各科图书,促进了燕大图书馆与美国哈佛大学图书馆的合作,为此,胡适曾说他是"享有殊荣"的人。田洪都,字京镐,武昌文华图专毕业,又赴美留学,在哥伦比亚大学图书部任助理。田洪都于1928年接任洪业代理图书馆主任,1931年又被正式聘为图书馆主任,直至1941年太平洋战争爆发。田氏作为燕大图书馆黄金时期的主要负责人,致力于改进和推动馆内各项业务工作,为燕大图书馆的发展也做出了重要的贡献。

馆藏在此时期得到很大的发展。1926年迁入新馆时，藏书尚不足三万册，至1941年燕大南迁时，馆藏已达到三十万册之多，增长了约十倍。藏书的结构也发生了很大的变化，中文图书的比例大幅度上升，1926年中文书已是西文书的六倍之多。在西文书中，其他社会科学类图书的比例也远远超过了宗教类图书，两者所占的百分比分别为21.82%和13.57%。从馆藏结构的变化上，可以看出燕京大学办学重点的转移和教会大学方针的变化。

藏书的发展主要得力于购书经费的充裕。燕大图书馆购书费主要有四个来源：学校拨发的经常费，哈佛燕京学社图书费，法学院各学系的图书费，临时捐助的特别图书费。其中最为重要的是1928年成立的哈佛燕京学社为燕大图书馆提供的购书费，凡属重要的中文大部典籍和与中国问题相关的西文书，都从该项经费下开支，使燕大图书馆的藏书发展有了基本的保障。

此外，这一时期燕大图书馆的管理方法、分编工作、读者工作和业务研究等都有了长足的进展。燕大图书馆在此期间的发展和进步，使其后来者居上，一跃而居于国内先进大学图书馆的行列。

第三阶段从1941年太平洋战争爆发开始，可以称为动荡时期。

太平洋战争的爆发，使燕京大学最终未能躲过战争的冲击。为生存计，燕大被迫辗转南迁，于1942年在成都建校。

燕大图书馆的藏书未及撤出，全部落入侵华日军之手。四年间，燕大图书馆的损失惨重，据1946年复校后清点的结果，藏书损失达三万册，约占馆藏的十分之一。

成都燕大图书馆的馆舍在成都市陕西街，1942年秋开馆时仅有房舍一间，存书525册，几乎是白手起家，惨淡经营。战时购书费拮据，又受通货膨胀的影响，所购图书只能以教科书为主。书刊按各系学生的比例进行分配，价格较贵的书刊由各系共同使用。国外报刊则委托驻外机构代为订购并保管，以期战后能有完整的收藏。为解决图书缺少的困难，燕大图书馆一方面派馆员带领早期到达的学生到成都的大街小巷去逛书摊，选购基本参考书；另一方面与友校开展馆际互借业务，共用图书室。至1946年复校时，成都燕大图书馆藏书装成47箱运至宝鸡，因运费昂贵，这部分图书大多就地转让了。

成都的燕大图书馆只有五名工作人员，主任一人，编目员和出纳员各两人。当时的图书馆主任是梁思庄。梁思庄（1908～1986）是梁启超的次女，早年留学加拿大和美国，1936年8月起在燕大图书馆工作，一直从事西文编目。在成都的四年间，梁思庄不畏艰辛，与同人们共度时艰，支撑了燕大图书馆的生存与发展。北大、燕大图书馆合并后，梁思庄长期担任北京大学图书馆副馆长职务。

第四阶段从1946年燕大复校至1952年与北京大学合并，可称之为恢复和发展时期。1946年10月，燕大图书馆在原址恢复开放，逐渐恢复了旧有的规模，扩充馆藏。至1951年，馆内工作人员已有三十八人，藏书达到四十余万册，有关设备也有所增添。

从图书馆发展的角度看,燕京大学图书馆的主要特色在于其珍贵的藏书和独具特色的业务工作。

燕大图书馆在战前鼎盛时期,藏书曾达到三十余万册,在当时的大学图书馆中仅次于中山大学和北京大学,居全国第三位。1952年与北京大学图书馆合并之前,藏书总数已达四十余万册,另有未编书刊十八万册,金石拓片一万二千余张,木刻书版两千余块等。作为一所私立大学图书馆,在短短几十年中就拥有了如此令人瞩目的收藏,应该说是一个很了不起的成就。

燕大图书馆的藏书主要有以下三个来源。

1. 本馆订购。订购的书刊要由专家审定,经图书馆委员会批准,因此有较高的藏书质量。同时,图书馆还鼓励师生推荐优秀书刊,特地在校刊上公布"介绍手续"以便读者与图书馆联系。

2. 哈佛燕京学社购赠。哈佛燕京学社成立后,曾向燕大图书馆赠送了大量图书,其中以中文古籍和西文东方学图书为主。据统计,燕大线装书中99%都是用该学社的书款购买的。

3. 捐赠和交换。燕大图书馆十分注重征集捐赠的书刊,有些捐赠还形成了重要的特藏,如贝施福主教(Bishop J. W. Bashford)所赠关于中国和东方文化的西文书,就奠定了馆藏"东方学文库"的基础。图书馆还通过各种渠道进行呼吁宣传,征集国内外团体和个人的捐书,并设立了各种纪念奖励办法。同时,燕大图书馆还与国内外许多图书馆建立了交换关系，获得了许多珍贵的书刊。

在短短几十年的馆藏建设中，燕大图书馆形成了一批独具特色的专藏，较为重要的有：

——东方学文库。主要收藏西文书中研究中国及东方文化的著作，以贝施福主教赠书为基础，常年注意添购，其中较珍贵的善本约有 600 种，1300 多册。据 1938 年的统计，燕大东方学文库与《美国各图书馆藏西文东方学书籍选编联合目录》(A Union List of Selected Western Books on China in American Libraries) 相比，仅缺 4 种，可见其质量之高。

——善本书。对于中文古籍珍本刻意搜求，是燕大图书馆的一贯方针。与北大图书馆合并时，燕大馆藏善本已达 3578 种，37484 册，其中有宋、元版古书和大量明、清的刻本、钞本，有很高的版本价值。日文、西文图书中也有不少精善刊本的馆藏。

——古籍丛书。燕大图书馆的各种文史丛书都有完整配套的收藏，是国内图书馆中该类图书收藏最丰富的图书馆之一。

——书目索引和工具书。这类图书共有 2347 种，17944 册，包括了当时出版的该类图书的大部分品种。

——毕业论文。自 1932 年起开始收藏各届毕业生的毕业论文，共有 2466 册。

除藏书外，燕大图书馆的各项业务工作还有很多独到之处。

中文图书分编最先采用《杜威十进分类法》。为适应中文图书的特点，燕大图书馆"将杜威十进分类法内不常用而**便**

馆，由北平图书馆馆长袁同礼出任馆长。临时大学图书馆成立后，由临时大学与北平图书馆各出五万元购书费，即刻着手购置图书。由于战时交通不便，外地及国外的图书很难运到，临大图书馆便在长沙各书肆中采买，主要添置与教学直接相关的普通参考书。经过三个月的惨淡经营，临大图书馆有了中文书六千册，西文书二千册，勉力支撑着教学之需。为了应付教学的急需，临大图书馆还与湖南国货陈列馆图书室签订了借阅图书的办法，以解燃眉之急。

临时大学图书馆只维持了几个月的时间。1937年年底，南京陷落，武汉危机，局势骤然紧张起来。1937年12月，临时大学常务委员会做出了"本校图书仪器暂缓购置"的决议。1938年1月，临时大学奉命迁往昆明。图书馆的全部图书及商借的北平图书馆和中央研究院的图书，共装了四百余箱，经粤汉路运至广州，再取道香港至越南海防，从滇越路进入云南，经历了千难万险，历时三月，终于在三四月间陆续运抵昆明。

1938年4月，临时大学全部迁至昆明，正式更名为国立西南联合大学，简称西南联大，图书馆也定名为国立西南联大图书馆。西南联大图书馆成立后，由于藏书缺乏，起初仍与北平图书馆和中央研究院保持着合作的关系，调借了大量北平图书馆和中央研究院的图书。在人事安排上，借用了北平图书馆的人员，聘请北平图书馆馆长袁同礼为图书馆馆长，由原北大图书馆馆长严文郁为图书馆主任。在袁同礼未到任之前，严文郁代理馆长职务。这种局面一直维持了半年多的时间。1938

年年底，北平图书馆在昆明设立了办事处，调走了西南联大图书馆借用的人员和除西文期刊之外的大部分图书，袁同礼辞去了兼任的馆长职务，中央研究院也陆续调回寄存在西南联大图书馆的大部图书。这时，西南联大图书馆已经先后购置了一些书刊，清华、南开的图书也部分运到了昆明，于是便对图书馆进行改组，任命严文郁为图书馆馆长，董明道为图书馆副馆长，走上了独立发展的道路。

初到昆明时，学校没有固定和集中的校舍，因此西南联大图书馆也几经变动搬迁。总馆的馆址起初设在昆华中学南院原图书馆，另在昆华农校左翼大楼一层设立分馆。后经调整，总馆改在昆华农校礼堂，分馆则设在拓东路迤西会馆正殿中，同时设三个阅览室，第一阅览室在昆华农校饭厅，第二阅览室在昆华中学南院第五、六教室，第三阅览室在迤西会馆望苍楼。在西南联大的蒙自分校，也设立了分馆一所，馆址在法国领事署，半年后蒙自分校取消，分校图书馆的图书也装成三百余箱运到了昆明。直至1939年夏，西南联大在昆明大西门外的新校舍落成，图书馆才有了固定的专用馆舍，结束了到处打游击的局面。

新图书馆馆址位于新校舍北区的中央，是一座丁字形的瓦顶平房，前部是一间能容纳八百人的大阅览室，即第一阅览室，后部是一座可容书十万册的书库，另有期刊阅览室一间，期刊库一座，办公室四间。另外，在拓东路迤西会馆的工学院中，将会馆的大殿改造为可容四百人的阅览室，是为第二阅览室；新校舍南区的理学院有专门的期刊阅览室，可容八十人，是为第三阅览室；位于新校舍附近的师范学院有一间可容二百人的阅览室，为第四阅览室。自此，西南联大图书馆才规模初具，基本定形，当时的图书馆馆长严文郁曾形容为"虽属简朴，而宏敞可喜"。西南联大图书馆为时八年的历程，大部是在这座简陋的馆舍中度过的。"茅屋草舍育英才"，对于西南联大图书馆，师生们至今仍保留着亲切温馨的记忆。

尽管有了新的馆舍，但西南联大图书馆的条件仍是十分艰苦的。每到昆明的雨季，简陋的馆舍就会漏雨，许多学生只好打着雨伞看书。西南联大的学生大多数是流亡学生，无钱买书，读书考试只能依靠图书馆，而图书馆的座位和参考书又不敷使用，因此学生们每天都要到图书馆"抢位子，抢灯光、抢参考书"，借书处也要排长队。图书馆开门之前，门前总要黑压压挤了一大片学生，致使当地人误以为是在抢购电影票。

学生们在图书馆找不到座位，就只好到街市上的茶馆里去看书，于是校舍附近的许多茶馆便应运而生。当年的联大学生、著名作家汪曾祺就曾戏称为"茶馆出人才"。他回忆说："联大图书馆座位不多，宿舍里没有桌凳，看书多半在茶馆里。联大同学上茶馆很少不挟着一本乃至几本书的。不少人的论文、读书报告，都是在茶馆写的。"昆明街头的大小茶馆，竟成了西南联大图书馆为数众多的"分馆"。

生活、学习条件之艰苦，不仅仅限于学生，西南联大的教师和职工都是在艰难困苦的条件下生活和办学的。据核计，1943年联大教授每月的薪金已由战前三百多元降至实值仅合战前的八元三角，只能维持全家半个月的最低生活，一般职工的生活更是无法维持,人称"十儒九丐,啼饥号寒"。但师生们大多都能同甘共苦,共度时艰。联大图书馆馆长严文郁曾回忆过当时的一段往事:

> ……对日抗战最艰苦的时期,在昆明将积蓄贴得一干二净,收入不敷维持五口之家。经前辈戴志骞先生介绍到中国银行昆明分行兼一半日差事。与经理邻室办公,谈得颇为投机,不到半月,他劝我脱离联大,在行中充外汇部副主任。盛情可感,至今难忘。我鉴于兼事乃救一时之急,改行则关系前程,于是商之联大校委蒋梦麟先生。蒋先生说:"银行待遇太好,必如戴先生一去不复返。目前虽受尽熬煎,胜利终属我们,为了钱而牺牲你在图书馆的成绩,未免可惜,值得考虑。至于生活问题我们在校内设法,略予改善,以期渡过难关。"我听此言,大为感动。第二天到银行向经理婉言谢却,连兼职一并辞掉了。从此安心工作。

身为图书馆馆长,生活状况尚且如此,图书馆一般职工就可想而知了。而他们不避艰难困苦,怀着"多难殷忧新国运,动心忍性希前哲"的爱国精神,勉力支撑着风雨飘摇的西南联大图书馆,则成为一段可钦可敬的佳话。

西南联大时期,图书馆的购书经费也处于极大的困境之中。西南联大成立后,每年的预算仅及抗战前清华一校的经费额,还要受政府拖延拨发和货币不断贬值的影响。在这种困难局面下，西南联大只能到处求助或借债度日，因此图书馆只能得到少得可怜的一点购书经费。据记载，1938年每月的购书预算仅为4300元，实际得到只有1868元；1939年每月购书预算仅为5966元，实际得到只有2982元。从数额上看，联大图书馆的购书费仅及原北大图书馆的三分之一，而且由于货币的大幅度贬值，实际的购书费买不了几本书刊。直到1941年，教育部才拨给西南联大美金三万八千元作为设备费，其中图书费约占21400元，此外"世界学生救济会"还捐赠给图书馆七八千元法币用于买书。虽然有了少量的经费，图书馆却很难买到书，上海、武汉失陷后，滇越铁路中断，内地图书订购变得十分困难；特别是太平洋战争爆发以后，滇缅公路已不通，国外购书的渠道也告中断，已经订购的一批图书也在运输中遗失。西南联大图书馆只能凭着少量的经费，在昆明各旧书肆中寻觅选购教学用书，真可谓艰难备至。

除了生活和工作上的种种艰辛外，敌机经常来昆明轰炸，也给西南联大图书馆带来了种种困难。空袭警报一响，图书馆就要携带贵重图书和读者一起到山沟里隐蔽，警报解除后还要尽快恢复开放。为避轰炸，除必要的参考书外，大部分图书都要存放在乡间。1941年8月14日中午，日寇出动轰炸机27架，以西南联大图书馆为目标轰炸，投弹数10枚，致使书库北部中弹倒塌，阅览室的屋顶和门窗震坏，并引起火灾。经奋力灭火和抢救，幸未造成大损失，图书被毁仅二三百册，但阅览室的杂志和报纸却因水淹土压而全部报废，馆中设备也大部损坏。经奋力抢救，轰炸后仅一个月图书馆便修复开放。

在这样的艰苦条件下,西南联大图书馆非但没有被压垮,反而在困境和硝烟中成长壮大,成为一所颇具规模的战时大学图书馆,出色地完成了它的使命。正如严文郁馆长在1941年所说:"本馆于此狂风暴雨之中,诞生,洗炼,茁壮!"西南联大图书馆创造了中国图书馆史上的一个奇迹。

抗战胜利之后,西南联大于1946年5月宣告结束,北大、清华、南开先后在平津复校。"联合竟,使命彻。神京复,还燕碣。"西南联大图书馆所藏的图书,部分留交昆明师范学院,其余装箱北运,在学校图书迁运委员会的筹划下,于1946年4月运往平津。至此,西南联大图书馆结束了为期八年"笳吹弦诵在春城"的历史,在中国图书馆的历史上留下了永远令人难忘的一页。

六　大师名家

1　文献编纂

胡适说过:"图书馆的中心问题,是要懂得书。图书馆学中的检字方法、分类方法、管理方法,比较起来是很容易的,一个星期学,几个星期练习,就可以毕业。但是必定要懂得书,才可以说是图书馆专家。"此言切中要害,因为文献是一切学问的基础,更是图书馆和图书馆学的基础。

中国古代的文献编纂有着悠久的历史传统。在现代图书馆学研究范畴中,这门学问常常被称为文献学或目录学,古代亦称校雠之学,通俗讲就是"治书之学"。

从现有材料看,古代文献学的开山者和奠基人应首推西汉末年的刘向、刘歆父子。

刘向(公元前79~前8年),原名更生,字子政。他是汉帝刘氏宗亲,汉成帝时官光禄大夫。河平三年(公元前26

年），汉成帝诏令一些大学者到皇家图书馆天禄阁、石渠阁校书。刘向为校书的总负责，还要为每种整理完的书籍写一篇叙录。这些叙录不仅鳌定篇目，记述校雠，而且还介绍作者，评述书旨等。后来刘向把这些叙录汇集一起编为《别录》。绥和元年（公元前8年）刘向去世，终年72岁。他从54岁开始校书，前后共历18年。

刘向去世后，朝廷又命一直辅助父亲校书的刘向之子刘歆（约公元前53～公元23）继承其业。刘歆在《别录》的基础上编出了一部皇家藏书的分类目录《七略》。《七略》在文献学历史上具有开创性的重要意义，成为后世文献整理的圭臬。《别录》《七略》唐人著述犹有征引，宋后则不复见。但《汉书·艺文志》是以《七略》为底本编出来的，我们从中可以了解《七略》的大致面貌。

刘向、刘歆父子之后，中国的文献整理，即校雠活动与校雠学，又有所发展。宋代学者郑樵就是一位集大成者。郑樵（1104～1162），字渔仲，自号溪西逸民，世称夹漈先生。南宋兴化军莆田（今福建莆田县）人。自幼博览群书，勤于学问，在夹漈山下刻苦读书30年（父亲身后给他留下三千余卷书籍），后又"游名山大川，搜奇访古，遇藏书家必借留，读尽乃去"。所学涉及经史、文字、天文、地理、鱼虫、草木、音乐、艺术、校雠、金石等。他所著《通志》200卷500余万字，有本纪、世家、列传、载记、四夷、世谱、年谱、二十略等，是一部综合历代史料而成的通史，后人将其与唐杜佑的《通典》、元马端临的《文献通考》并称"三通"，为古代重要政书。其中，总天下学术、条其纲目而编就的《二十略》，被《四库全书总目》评价为《通志》全帙的精华所在。《二十略》里的《校雠略》详细探讨了图书分类、编目、著录、求书等图书整理问题。

及至雕版印刷术普及，手抄书籍渐少，抄本错字的问题逐渐不再明显，校雠活动也渐渐不再成为主要文献工作。宋明以来图书馆整理图书的活动又出现了一个新动向，即丛书编纂的热潮。如明代程荣汇集汉魏六朝 37 种书籍而为一编的《汉魏丛书》，清代乾隆年间内廷收录 138 种书籍而编成的《武英殿聚珍版丛书》等。尤其是《四库全书》的编纂，不仅是我国古代图书馆发展史上的盛举，也是学术文化史上的大事。

乾隆三十七年（1772）清高宗弘历为彰显自己"稽古右文"的政治态度而下令征集图书，次年开设"四库全书馆"，组织了 300 多名学者、3000 多抄写装订人员纂修抄写，仅从各省就征集了近 5000 种书，前后历 20 年。全书共有 3500 多种书，7.9 万卷，3.6 万册，约 8 亿字，基本上囊括了中国古代所有图书。书成后共抄 7 套，先储藏在京城皇宫中的文渊阁、圆明园的文源阁、沈阳文溯阁、承德的文津阁各一套，此四阁后被人称"内廷四阁"或"北四阁"；后又在扬州的文汇阁、镇江的文宗阁、杭州的文澜阁各储一套，称"南三阁"。七阁都是依明代著名藏书楼宁波范氏天一阁的样式建成的，是当时国内质量最上乘的图书馆建筑。"北四阁"藏书主要供皇室使用，"南三阁"出自江浙为人文渊薮的考虑，按照乾隆的谕令，"该省士子，有愿读中秘书者，许其呈明，到阁抄阅"，即可以公开阅览。后来文源、文汇、文宗三阁毁于战火。现存4部书,文渊阁本在台湾,余在大陆国家图书馆(文津阁本)、浙江省图书馆(文澜阁本)和甘肃省图书馆(文溯阁本)。《四库全书》保存文献的贡献非常巨大,仅从《永乐大典》中辑出的佚书就有385种。重大的图书整理活动总会结出重要的学术果实。《四库全书》的编纂产生了几部重要的藏书目录,如由纪昀主持编撰的《四库全书总目提要》。纪昀(1724~1805)字晓岚,一字春帆,晚号石云,直隶河间府(今河北献县)人。官至礼部尚书、协办大学士,曾任《四库全书》总纂修官。除《四库全书总目提要》外,还编撰了《四库全书简明目录》20卷等。《四库全书总目提要》可以说是中国古典书目的集大成之作,它促进了古代文献目录以及校雠学、治书学的发展。

进入近代晚清之后,由于丛书增多,有些藏书目录、荐书目录在书籍分类时,于传统的经史子集四部类目之外,还特设"丛书"一类。如清代张之洞所编的《书目答问》,就在经史子集之后设了"丛书"类(包括"古今人著述合刻丛书"、"国朝一人著述丛书")。《书目答问》的实际编撰者为缪荃孙,其事迹详见本书第六章第二节。

民国期间,商务印书馆张元济印行的《四部丛刊》,是专门影印宋元旧本以及明清精刻精抄本的一套丛书。张元济的生平事迹本书第六章第五节已作介绍。《四部丛刊》初印始于1919年,收四部书323种2100册(再版时增加12册),1934年又印成《续编》81种,1936年又出《三编》73种,各分装

500册。此外张元济还主持影印了《百衲本二十四史》《涵芬楼秘籍》《续古逸丛书》等重要古籍丛书，使古籍善本得到传播，为学者研究提供了极大方便。

张元济之后，为丛书编撰贡献最为卓著的是图书馆学家兼出版家的王云五。王云五（1888～1979），字之端，号岫庐，原籍广东香山（今中山），出生于上海。因家境贫寒、体弱多病，11岁始入私塾学习，14岁在五金店当学徒，半工半读在夜校学英文。后在中国公学等校教授英文。民国十年（1921），经胡适推荐进入商务印书馆。

1924年，在张元济和王云五倡导下，原只为商务员工服务的商务印书馆的图书馆涵芬楼，改建成供大众阅览的东方图书馆，王云五出任馆长并加入了中华图书馆协会。王云五在商务印书馆工作初期，编印出版了许多小丛书，大受社会欢迎。后来他设想，如果能利用东方图书馆的丰富馆藏，编印出一套丛书，全国各地方、各学校、各机关，甚至于许多家庭购买一套，就相当于把整个的大规模图书馆化成无数的小图书馆，而且装备丛书的小图书馆，管理也相对容易，人们可以用较低的代价读到人人当读的书籍。于是他开始酝酿出版丛书《万有文库》。1929年《万有文库》第1集1010种、2000册开始刊行，1934年第2集700种、2000册开始刊行。至日本发动侵华战争前，第1集售出约8000套，第2集售出约6000套。《万有文库》的出版开创了我国图书出版平民化的新纪元，当时许多机构因购置一部《万有文库》而成为一个小型图书馆。

集图书馆学家与出版家于一身的王云五完全是自学成才，

尽管在自己学历一栏里仅填"识字"二字，但他却通过自学，得通英、法、德、日多国文字。他少年期间曾受惠于英国教师布茂林私人图书馆的帮助。18岁时，他以分期付款的方式买下一部英文版的《大英百科全书》，后花数年将此35巨册的书通读了一遍。在主持东方图书馆工作期间，王云五发明了四角号码检字法，编出了《王云五大词典》等词典，以及创立了《中外图书统一分类法》。这部1928年编定的《中外图书统一分类法》与杜定友、刘国钧、皮高品等人编的分类法一样广有影响，是民国期间中国图书馆界使用最为广泛的分类法之一。后来他还想编就一部集我国词语之大成的《中山大字典》，但因战乱等原因，只出版了一本《一字长编》，仅"一"字就有数十万字、三四百页的解释。《万有文库》是借助出版来促进图书馆发展的成功创意，图书馆事业与现代出版业相扶相助、共同繁荣，这是王云五的一个独特贡献。

在文献编纂方面，另一位做出重要贡献的图书馆学家是顾廷龙。顾廷龙（1904～1998），字起潜，江苏苏州人。他熟通版本目录学，同时也以书法驰名。1931年毕业于上海持志大学，1932年毕业于北平燕京大学研究院国文部，获文学硕士学位。随后即受燕京大学图书馆馆长洪业之聘，出任哈佛燕京图书馆驻北平采访处主任，从此献身图书馆事业近70年，先后担任上海私立合众图书馆总干事（主持馆务）、上海历史文献图书馆馆长、上海图书馆馆长等职。在此期间，顾廷龙也运用出版策略，整理、影印了一批宋元善本、明清孤钞等，使得孤本不孤，秘本不秘，化身千百，泽惠学人。

为了反映古代丛书大貌、便于学者检索丛书，顾廷龙主编了《中国丛书综录》这部大型工具书，收录全国41家大型图书馆所藏古籍丛书2797种，分总目（后附《全国主要图书馆收藏情况表》）、子目分类目录、子目书名索引和子目著者索引三大册。该书面世后受到学术界的热烈欢迎，《人民日报》曾发文称其为检查中国古籍的"雷达"。顾廷龙第二个重要的"雷达"《中国古籍善本书目》（主编顾廷龙，副主编冀淑英、潘天祯），全书分经部（1册）、史部（2册）、子部（2册）、集部（3册）、丛部（1册），共收录全国781个图书馆或文化机构所藏古籍善本6万种、约13万部。《中国古籍善本书目》为近几年大型古籍整理工程的顺利开展，如《四库全书存目丛书》《续修四库全书》《四库禁毁书丛刊》《中华再造善本》等，提供了十分重要的参考依据。

2 图书馆管理

中国古代藏书管理有着许多好的经验和传统。如隋朝皇家图书馆东都洛阳的观文殿，藏书管理分品位、分种类。据《隋书·经籍志》载："炀帝即位，秘阁之书，限写五十副本，分为三品：上品红琉璃轴，中品绀琉璃轴，下品漆轴。于东都观文殿东西厢构屋以贮之，东屋藏甲乙，西屋藏丙丁。又聚魏已来古迹名画，于殿后起二台，东曰妙楷台，藏古迹；西曰宝迹台，藏古画。"

近代以来，西方新式图书馆传入中国，出现了诸多图书馆学大家和出色的图书馆管理者。除上文中已作介绍的梁启超、缪荃孙、徐树兰、蔡元培、李大钊、张元济等人外,还有柳诒徵、袁同礼、杜定友、蒋复璁、李小缘等大家。

柳诒徵(1880~1956),字翼谋,号劬堂、知非,江苏镇江人。17岁考中秀才。1903年随缪荃孙赴日本考察教育。1915~1925年,先后执教于南京高等师范学校、东南大学、东北大学、北京师范大学等,辗转于南京、沈阳、北京等地。1927年就任江苏省立第一图书馆馆长,该馆即为光绪三十三年(1907)两江总督端方创办的江南图书馆,后改名为江苏省立国学图书馆。他主持编纂的《江苏省立国学图书馆图书总目》共44卷、30巨册,有经、史、子、集、志、图、丛书7部85类832属。丛部分五类,但丛书子目又分归各类,便于读者多途径检索。集部编次以作者卒年为断,便于确定易代之际的作者归于何朝何代。这部书在分类、编目上借鉴了古今方法,有继承有创新。顾廷龙先生主编的《中国丛书综录》,丛书子目分类部署的做法就借鉴了《江苏省立国学图书馆图书总目》。

柳诒徵还有一创举,就是开"住馆读书"之先例。他主持制定的图书馆章程中,第九章专为"住馆读书规程",规定"有志研究国学之士,经学术家之介绍,视本馆空屋容额,由馆长主任认可者,得住馆读书",取费与馆友相同,不事营利。当时一些年轻人,如蔡尚思、苏维岳、任中敏、吴天石、柳慈明、赵厚生等后来的著名学者都先后在国学图书馆住馆读书。据蔡尚思先生回忆,从1934年至1935年,他住馆读书,当时年龄未及三十，每天读书16至18小时，从不间断，几乎读遍了集部书。"住房不收费，吃的是稀饭咸菜，生活是紧张而艰苦的，但读书之多，学问增长之快，在我一生之中都没有超过这个时期的。"因此，蔡尚思感慨地说："我从前只知大学研究所是最高的研究机构；到了30年代，入住南京国学图书馆翻阅历代文集之后，才觉得进研究所不如进大图书馆，大图书馆是'太上研究院'。对活老师来说，图书馆可算死老师，死老师远远超过了活老师。""住馆读书"与蔡元培主持北京大学允许女生及校外生旁听之举，有异曲同工之处。昔日住馆读书的有志青年，后来多有成为知名学者。

与柳诒徵这位土生土长的图书馆学家不同，袁同礼、杜定友、蒋复璁、李小缘等人则是留洋受过欧美图书馆学教育的图书馆学家。

袁同礼（1895~1965），字守和，河北徐水人。1913年考入北京大学预科英文甲班，1916年毕业后到清华学校图书馆参考部工作，成为我国最早的图书馆参考工作者。翌年任图书馆主任，1918年当选北京图书馆学会会长。1920年由清华大学和北京大学资助赴美国深造，在哥伦比亚大学和纽约州立图书馆专科学校学习，获美国哥伦比亚大学文学士和纽约州立图书馆专科学校图书馆学学士学位。

袁同礼1923年回国，任北京大学图书馆馆长，是国内第一批留洋归来、具有现代图书馆学知识的背景的专才。而后出任北京北海图书馆图书部主任、副馆长、馆长，国立北平图书馆副馆长、馆长，前后长达20余年。从1925年4月中华图书馆协会成立起，袁同礼就一直充任要职，曾被选为协会董事、董事部书记、执行部长（执委会主席）、理事长等。1948年受美国国会图书馆邀请赴美访问研究，迁居美国，相继在国会图书馆东方部和斯坦福大学研究所从事中国典籍的整理与研究工作。

袁同礼一生的大部分时间和精力都用在北平图书馆的建设上，北平图书馆是后来的北京图书馆和国家图书馆的前身。1925年，国立京师图书馆委员会（后改名北平图书馆）成立，袁同礼任图书部主任，1927年被聘为副馆长，同年馆长范源廉病逝，由袁同礼主持馆务。在此期间，还任北海图书馆代理馆长，积极参加北海图书馆新馆舍建设（今为国家图书馆文津街馆舍），是该建筑委员会五名委员之一。

1929年，北海图书馆与北平图书馆合并，改组为国立北平图书馆，与南京的国立中央图书馆共同行使国家图书馆的职能。同年袁同礼任国立北平图书馆副馆长，主持馆务工作，1945～1948年任馆长，直至去国赴美。

在抗战期间，袁同礼南下湖南，以国立北平图书馆名义与长沙临时大学合作，兼任临时大学图书馆馆长。1938年随临时大学迁往昆明，设立北平图书馆昆明办事处，积极从事抗日活动。为复兴图书馆事业，他在1938年以中华图书馆协会理事长名义，分别致函欧美各国图书馆协会，痛陈日军暴行，并广泛征集图书，得到欧美各国图书馆的援助。抗战胜利后，袁同礼参加了接受敌伪文物图书的工作。

袁同礼在主持北平图书馆工作期间，最为人称道之事有二：一是访求书籍，不遗余力；二是礼贤下士，造就学者。

在袁同礼主持下，北平图书馆搜购了会稽李慈铭越缦堂、上海潘氏宝礼堂、聊城杨氏海源阁、东莞伦明续书楼等私人藏书家的珍藏，派人传拓各地古代碑铭350多种，还派人远赴滇境访到西南五省的稀有方志以及4000余册古东巴图画象形文字经书。此外还到国外采买西方学术名著的各种版本，如黑格尔、康德、莎士比亚等人不同时期的稀有著作版本等。袁同礼还派遣向达、王重民等赴英、法拍摄敦煌卷子，探访流落到欧洲的《永乐大典》。因经费困难，袁同礼还利用个人声望向国内外各文化机关、学校及文化界知名人士、政府要员等发送信件，募集书籍。北平图书馆由此收到了国内外捐赠的大量书刊资料，其中不乏珍贵资料。袁同礼先生对赠书者极其尊重，每次收到赠送书刊资料后，不论其价值大小，均专函致谢，并在每年《馆务报告》的"赠书人名录"中列出赠书者的姓名或单位名称以及所赠书名。北平图书馆后来成为全中国藏书甲富，与袁同礼的贡献密不可分。

袁同礼善于网罗人才，20世纪30年代的北平图书馆人才济济，为学术界啧啧称羡。当时先后在北图工作过的专家学者有向达、王重民、刘国钧、赵万里、徐鸿宝、谭新嘉、叶渭清（宋学与宋史）、梁廷灿、谭其骧、钱锺书、王庸（地图史料）、谢国桢（明史及明代笔记）、贺昌群（魏晋隋唐史学）、刘节（金石学）、孙楷第（小说目录学）、于道泉（藏学）、严文郁、张秀民、杨殿珣、汪长柄、李芳馥、顾子刚（西文专家）、吴光清、张申府（西方哲学）、梁启雄（梁启超幼弟）、李德启（满文目录学）、彭色丹喇嘛（蒙、藏文专家）、钱存训、徐家璧等人。有的人来到北平图书馆时还是大学毕业生，袁同礼看到发表的文章，即邀其来馆工作。如张秀民远在厦门大学，写了《四库总目史部目录及子部杂家》和《宋椠本与摇床本》两文，寄给了袁同礼并表示愿意到北平图书馆工作，袁同礼看后即以馆方名义去信争取他来北平图书馆工作。后来张秀民成为著名印刷史专家。又如刘国钧和袁同礼是同辈人，他留学美国又获博士学位。袁同礼闻刘国钧对分类编目很有研究和见解，并正在编制中国图书馆分类法，即多次去函请刘国钧到北平图书馆任职，给他创造条件顺利完成了《中国图书馆分类法》和《中文图书编目条例》两个规范。王重民、向达从事中西交通史和敦煌学研究，袁同礼争取经费送他们到英、法作为交换馆员，使其有机会获得深造。从 1930 年起，北平图书馆送到美、英、法、德等国以交换馆员身份进行培养的共有 20 多人，他们后来大都成为著名学者。一些学者成名后未能回到北平图书馆，而是执教于别的大学或到其他图书馆做馆长。于是有人对此有看法。袁同礼却表示：我们培植的人才，乃为整个图书馆事业和学术界的需要，所以"我宁舍己，将种籽撒播出去，将来所收获的果实一定更多"。由于专家治馆，北平图书馆的业务工作一跃而居全国之首。

杜定友（1898～1967），广东南海人，出生在上海。少年时代在南洋公学读书，1918 年南洋大学新建图书馆而急需专业人才，校长唐文治派他到菲律宾大学学习图书馆学专业（菲律宾大学是美国人主事的）。1921 年杜定友以优异成绩提前一年毕业回国，获文学、教育学、图书馆学三个学士证书及一个高师毕业证（即中学教师资格证）。从此在上海、广州两地从事图书馆事业长达50年，先后担任过广东省立图书馆馆长、复旦大学图书馆主任、南洋大学图书馆主任、中山大学图书馆主任、上海市立图书馆筹备处副主任、广东省文献馆主任等职。

杜定友不仅对图书馆学颇多著述，同时于图书馆管理实务也多有新创建。例如1924年在南洋大学图书馆率先发明使用颜色书标，以避免乱架过甚及提高排架效率；1925年出版了适于中外文书籍统一分类的《图书分类法》，出版了编制索书号用的《著者号码编制法》，在国内产生很大影响。1926年在上海组织学生编制出第一部报纸索引《时报索引》。1930年鉴于西式图书馆读者使用的卡片目录柜不能同时多人使用，于是发明可以挂壁翻看的明见式卡片目录。1932年出版了以字形为检索入口的《汉字形位排检法》。1932年推动成立中国图书馆服务社，次年又出版《图书馆表格与用品》一书，积极促进图书馆工作的标准化。1936年主持中山大学图书馆新馆建设时，他的图书馆设计体现了旅馆化、家庭化、机械化，立志要建一所现代化的图书馆，以树南中国楷模。1941年在抗战流亡中，为重组广东省立图书馆而大力收集地方文献，书、图、文件之外，连传单、标贴都在收集之列，最终使广东省立图书馆成为国内地方文献宏富的图书馆。在图书馆业务、管理、服务等方面，杜定友先生可谓是"龙虫并雕"，不分巨细，称得上是我国图书馆工作上创新最多的专家。

蒋复璁（1898~1990），浙江省海宁人。北京大学哲学系毕业。早年即从事图书馆活动。1922年北京松坡图书馆成立，蒋复璁被聘编制外文书目。1926年，蒋复璁被聘于国立北平图书馆。1930年赴德国柏林大学图书馆学研究所留学，并任普鲁士邦立图书馆客座馆员。回国后，1933年被教育部委任筹备中央图书馆。

抗日战争时期，蒋复璁领导中央图书馆筹备处迁馆四川，建立中央图书馆重庆分馆。1940年中央图书馆正式成立，蒋复璁被任命为馆长。在此期间，蒋复璁与郑振铎、张元济等人成立文献保护同志会，提出从今以后决不听任文献流失他去，好书要为国家保留之。

1940年，蒋复璁为搜购战争中散失的善本，赴沦陷区筹设机构，用中英庚子赔款董事会补助中央图书馆款项，从上海、香港两地秘密收购善本，运往重庆。至1946年年底，中央图书馆入藏中日文书754551册，善本书153414册，还有大量的金石拓片和古今舆图。

1948年赴台后，蒋复璁任台湾"中央图书馆"馆长，并兼任台北图书馆馆长、故宫博物院院长等职。

蒋复璁热心中华图书馆协会的工作，早在1924年即与袁同礼为筹备中华图书馆协会而南北奔忙。在他们的努力下，1925年中华图书馆协会成立，蒋复璁先后出任协会执行部干事、分类编目组和图书馆行政组负责人，执行委员，1937年后任理事会理事。

李小缘（1898~1959），原名李国栋，江苏南京人。1920

年毕业于南京金陵大学，任金陵大学图书馆管理员。1921年赴美国纽约州立图书馆学校和哥伦比亚大学师范学院学习，1925年获美国国图书馆学学士、教育社会学硕士学位。1925年回国后，出任金陵大学图书馆馆长，并任金陵大学教授、图书馆学系主任、中国文化研究所研究员兼史学部主任。他长期主掌金陵大学图书馆馆务，并积极参与中华图书馆协会的工作。在当时中华图书馆协会的筹建过程中，图书馆界有"黎元洪"之戏称，即指李小缘（黎）、袁同礼（元）和洪范五（洪），可见其影响及对建立中华图书馆协会贡献之大。

1927年他写出了一份《全国图书馆计划书》，对国立图书馆（国家图书馆）、省立图书馆、公共图书馆、学校图书馆等的建立提出了很好的建议，每类图书馆的建设都分别依"总纲""组织""经费""举办事业""流通要则"等详细论述，不蹈空谈。其"附录"中甚至都拟好了"图书馆为吾人人生之必须品"等14条图书馆用标语。这是我国现代图书馆事业发展史上第一份完整的纲领与蓝图。后来有人将他的《中国图书馆计划书》作为提案提出，倡议成立中央图书馆，即今南京图书馆的前身。

3 学术研究

在西方图书馆学传入中国以前，中国已有校雠学等关于文献整理、管理的理论、方法和技术。古代校雠学实由刘向、刘歆父子开创，郑樵给予了体系化。然而真正将校雠学提升为一门学问,主要贡献还在于清代学者章学诚。

　　章学诚(1738~1801),字实斋,浙江会稽(今绍兴)人。一生流离困苦,41岁才中进士,但终未入仕途。所著《文史通义》《校雠通义》于身后方获得很高的声誉。章学诚的校雠学思想和理论主要体现在《校雠通义》一书。他的主要思想至今仍有很大学术价值,例如:(1)关于校雠学之源流。他认为战国以前学术在官,官师合一,私门无著述。"官守之分职,即群书之部次,不复别有著录之法"。后来礼崩乐坏,官师分离,学流民间,私门出现著述。书籍散于天下无所统宗,故刘向、刘歆父子不得不进行校雠工作。(2)刘向、刘歆父子开创的校雠之学,目的是通过"部次条别"(即分类归属)来实现"辨章学术,考镜源流",便于学者由委溯源,"即类求书,因书究学"。(3)有些书籍古有今无,有些书籍古无今有,故图书类目的设置要随时而进,不能拘泥以往。目录类次应该"道"先"器"后,即"形而上"的理论书籍应该排在"形而下"的实用书籍的前面。(4)图书著录遇到"理有互通,书有两用"者,应该在相关的类目之下"互著"(也称互注);一书之内有数篇内容涉及其他类别,并相对完整,也可以将这些篇章"别裁"出来,著录于其他类。(5)应该编制索引,"尽取四库之藏,中外之籍,择其中之人名、地号、官阶、书目,凡一切有名可治、有数可稽者,略仿《佩文韵府》之例,悉编为韵",成一工具书,以备校书之用。尤其他的古代校雠学宗旨是"辨章学术,考镜源流"的观点,早已流播海内外,广为学人所知。

现代图书馆学在中国兴起之后,这些学术思想逐步被图书馆学吸纳,并被赋予了科学的特质。这一旧学与新知的良好对接,首功在于梁启超。

梁启超(1873~1929)在中国早期图书馆事业中发挥的重要作用前文业已详细述及(见第四章第二节)。民国建立后,梁启超在图书馆事业建设和图书馆学研究方面继续发挥了巨大作用。1916年,梁启超为纪念蔡锷(蔡松坡)将军而四处募捐筹建新型图书馆"松坡图书馆",而后自任松坡图书馆馆长。1925年年底,梁启超被北洋政府教育部聘为国立京师图书馆馆长。1926年春,中华教育文化基金会又办一所北京图书馆(后改名北海图书馆),梁仍被聘为馆长。至此他一身兼三馆馆长,遂将主要的精力投入图书馆事业,同时潜心研究图书馆学、文献学。

梁启超的图书馆学思想和理论主要集中在图书馆学原理、目录学和辨伪学等方面。(1)关于图书馆的功用。梁启超在1916年12月17~18日《时事新报》上的《创设松坡图书馆缘起》一文中,提出图书馆不仅能保存国粹,普及学问,还标志着一国的文明程度,关系着国家的存亡。(2)呼吁建设中国的图书馆学。中国的文字、书籍有自身的历史和特征,文献研究、书籍管理也有特殊的方法,故应结合中西图书馆学知识创建自己的图书馆学。如在分类、编目中一方面借鉴西方的分类法、编目原则,也要把我国古代"互注"、"别裁"的优良方法吸收进来;要继承中国古代编制大型类书、丛书的传统(1927年他自己曾拟定《中国图书大辞典》的编写提纲,后因逝世而没有实现)。(3) 在目录学方面,他的《西学书目表》(1896) 首创了学 (科学)、政 (政经)、教 (宗教)、杂 (综合) 四分方法,颇便初学者觅寻西学轨途;《读书分月课程》(1894)、《国学入门书要目及其读法》(1923) 与《要籍解题及其读法》(1923) 三篇书目,开了专家推荐书目的新风气,曾在青年学生中广有影响;《佛家经录在中国目录学之位置》(1925) 一文,是中国专科目录学研究的奠基之作。(4) 在辨伪学方面,他专写了《古书真伪及其年代》(1927) 一书,对伪书的成因、伪书的种类、伪书的辨别方法提出了一整套理论。

梁启超图书馆学思想的核心是秉承传统、借鉴西学,重视学术史的挖掘、强调会通,求实用,讲实际。他对图书馆事业的热爱甚至感染了家人,他的女儿梁思庄就是受父亲的影响在美国专攻图书馆学,回国后长期任职于燕京大学图书馆、北京大学图书馆,成为深孚众望的图书馆学家,也是首屈一指的西文编目专家,并任北京大学图书馆副馆长,中国图书馆学会副理事长。

20世纪二三十年代,中国图书馆学的发展出现了第一次高潮。这一高潮是众多图书馆学家努力的结果。特别是一批留学国外专攻图书馆学的学者先后回国,在国内掀起了新图书馆学研究的高潮,如沈祖荣(第一位图书馆学留美生)、胡庆生、戴志骞、徐燮元、杜定友、洪范五、袁同礼、李小缘、刘国钧、蒋复璁、查修、桂质柏(第一位获美国图书馆学博士学位)、徐家麟等,其中除杜定友留学菲律宾、蒋复璁先生留学德国之外，其余皆清一色留学美国接受图书馆学教育学成归国者。他们对中国图书馆学的开创与发展的贡献是不可磨灭的。

这些卓有成就的学者及成就有些已经在本章或本书中提到或专门作了介绍，有的则限于篇幅无法一一论及。这里只简要介绍两位在中国图书馆学理论研究上最有影响力的人物杜定友和刘国钧，他们二人被今天的图书馆学研究者简称为"南杜北刘"。

在上节中已经介绍了杜定友在图书馆管理方面的业绩。其实他更大的成就还在思想理论研究方面。杜定友一生著述达600余万言，仅著作就有55种，可以说是中国图书馆学家当中著述最多的人。主要著作有《图书馆通论》（1925）、《图书分类法》（1925）、《学校图书馆学》（1928）、《校雠新义》（1930）、《图书管理学》（1932）、《汉字形位排检法》（1932）等，在图书馆学基础理论、图书分类学、图书目录学、汉字排检法、图书馆管理、图书馆建筑、地方文献等领域皆有突出理论建树。如杜定友关于图书馆"三位一体"（书、人、法）及其不同时代重心不同的观点，图书馆学应由原理与应用两个层面组成的认识，中外书籍要统一分类的思想，以及给地方文献所下定义和范围（包括史料、人物、出版）等，都对中国图书馆学的发展产生过极大影响。杜定友图书馆学研究的最大特点是理论与实践能熔为一炉，创新意识非常强。

刘国钧（1899~1980），字衡如，江苏南京人。1920年南京金陵大学文学院哲学系毕业后，留校在图书馆工作。1922

年赴美国威斯康星大学攻读图书馆学课程,并于 1923 年 6 月取得硕士学位。后又攻读哲学课程,1925 年春获得哲学博士学位后返回国内。他先后在金陵大学图书馆、北平图书馆、国立西北图书馆任职或担任馆长。1951 年后任教于北京大学图书馆学系并担任过系主任。刘国钧先生的代表作有《中国图书分类法》(1929)、《中国图书编目条例》(1930)、《图书馆学要旨》(1934)、《什么是图书馆学》(1957)、《中国书史简编》(1958) 等。在图书馆学基础理论、图书分类、图书编目、中国图书史、图书馆工作自动化等领域有着突出的建树。如认为图书馆学研究要细化成五个要素(图书、读者、领导和干部、建筑与设备、工作方法)才能深入的思想,好的分类法应具备四个部分(系统表、理论的基础、索引、分类条例)的论述,分类目录应是宣传图书、指导阅读的工具的观点,都有深刻的洞见及广泛的影响。1957 年以后,因避免与当时社会意识形态的冲突,刘国钧的学术研究重点转入了图书史、图书分类领域,并写了一系列的中国书史著作。他还在"文革"后期(1975)率先介绍西方机读目录(MARC),表现出开放的视野与伟大的预见。刘国钧先生图书馆学研究的最大特点是逻辑性极强,善于说明事理并提升理论层次,给人以条分缕析的深刻印象。

4 专业教育

我国现代图书馆学教育是在美国图书馆学者推动下开始产

生的。1913年，美国图书馆专家威廉·克乃文（William Harry Clemons）在南京金陵大学主持图书馆工作时，曾在该校文科专业开设了图书馆学课程。1920年，美国图书馆员韦棣华（Elizabeth Wood，1861-1931）在武昌开设了文华大学图书科（Boone Library School），1929年经教育部批准改办为独立的图书馆学专门学校，名称易为"文华图书馆学专科学校"（后人简称其为"文华图专"，英文名称未变）。从此，中国的图书馆学教育事业近百年来，弦歌不辍，至今仍在向前发展。

韦棣华兴办文华公书林的事迹本章第四节已做介绍。当时的文华公书林实际上只有两名工作人员，即总理韦棣华和出任协理的文华大学毕业生沈祖荣，后来又加入了文华中学英语教师胡庆生。

在兴办文华公书林的过程中，韦棣华深感图书馆专门人才的匮乏，萌发了创办图书馆学教育机构的想法。1914年她资助沈祖荣去美国纽约公共图书馆学校攻读图书馆学，从而使沈祖荣成为中国和亚洲第一个留学美国研习图书馆学的人士。沈祖荣1917年回国，除了在文华公书林工作外，还花了大量的时间在全国各地宣传美国式的图书馆，使得图书馆公开开放的理念逐步深入人心。1917年韦棣华又派胡庆生赴纽约州公共图书馆学校攻读图书馆学，她自己也于1918年返回美国到西蒙斯大学图书馆学校进修。1919年韦棣华和胡庆生学成归国。

鉴于国内当时图书馆有所发展，特别缺乏图书馆人才，于是韦棣华向文华大学提出创办图书馆学校。1920年3月文华大学文华图书科成立，韦棣华担任科主任，以文华公书林作为讲课场所及实习基地。文华图专起初只招收文华大学在校大学生兼修图书馆学专业，学业两年。1926年有了独立经费后开始面向社会招收大学生。1929年文华图专独立，改称武昌私立文华图书馆学专科学校，图书馆学教育发展的速度加快。

从1920年文华图书科正式成立到1953年8月并人武汉大学为止，文华图专为国内图书馆、档案馆界共培养了600多人。民国期间，国内重要图书馆的业务骨干，文华毕业生几乎占去了半壁江山。韦棣华为办好文华公书林和文华图专，屡次回国学习图书馆学知识，四处募集经费，并躬亲管理，最后积劳成疾，1931年5月病逝于武昌。其坚忍、刻苦的精神和坚定的信仰，支持她为中国图书馆事业做出了杰出的贡献。为纪念这位杰出女性，现在美国韦棣华基金会每年都支出约一万美元的奖学金来奖励在中国高校就读图书馆学、情报学的优秀学生。

沈祖荣（1884~1977），字绍期，湖北宜昌人。1903年受湖北宜昌圣公会教堂推荐，就读武昌圣公会主办的教会大学文华书院（1916年升为文华大学）。1910年毕业后随从韦棣华进入公书林任职，1914年赴美攻读图书馆学专业，1916年毕业，获图书馆学学士学位，1917年回国后全力协助韦棣华创办文华图专，投身图书馆教育事业，并终此一生。

1926年，沈祖荣继韦棣华担任文华公书林总理（馆长），1929年又任文华图专校长。1925年参与组建中华图书馆协会并担任董事等要职。1929年沈祖荣作为中华图书馆协会唯一正式代表，前往罗马参加第一次国际图联（IFLA）国际图书馆与目录学会议，揭开我国图书馆界参与国际图书馆界事务与活动的序幕。在他主持下，文华图专于1940年增设档案专业，扩大教学规模，使我国有了全国唯一正式的档案管理专业和专门培养档案人才的机构。

1951年，武昌私立文华图书馆学专科学校改为武昌公立文华图书馆学专科学校，1953年学校整体并入武汉大学，并改名为武汉大学图书馆学专修科，学制仍为2年；1955年学制改为3年；1956年"武汉大学图书馆学专修科"改称"武汉大学图书馆学系"，同时学制改为4年。这期间，沈祖荣一直都是主要负责人。1977年，沈祖荣先生与其夫人同日在庐山去世。

文华图专在韦棣华和沈祖荣的主持下，培养了许多图书馆学人才，如南京图书馆馆长汪长炳、上海图书馆馆长李芳馥、湖北省图书馆副馆长张遵俭、中国科学院图书馆副馆长顾家杰、四川大学图书馆馆长桂质柏和毛坤、中山大学图书馆研究员周连宽、外交部国际关系研究所图书资料室主任陈尺楼，以及后来去台湾的蓝乾章、沈宝环（沈祖荣之子）、严文郁等都是文华图专的毕业生，也都是国内著名图书馆专家。还有一些毕业生在国外图书馆就职，如美国哈佛大学燕京图书馆创始人和馆长裘开明（1921年毕业，曾编制《汉和分类法》）、房兆颖（1930年毕业，在哥伦比亚大学执教）、童世纲（1933年毕业，普林斯顿大学东亚图书馆馆长及美国亚洲研究委员会东亚图书馆分会主席）等，在海外服务期间取得了巨大成就，得到了许多荣誉。另有一些毕业生成为我国著名的图书馆学家,如分类学专家皮高品、图书馆学教育家徐家麟、索引专家钱亚新、目录学家吕绍虞、参考咨询专家邓衍林等。著名人类学家、博物馆学家冯汉骥,语言学家、外国文学专家戴镏龄,诗人王文山等也都曾是文华图专的学生。

在20世纪40至50年代,图书馆学教育家王重民也为中国的图书馆学和图书馆学专业教育做出了突出贡献。

王重民(1903～1975),字有三,河北高阳人。1924年北京高等师范学校(后改名北京师范大学)学习,曾师从陈垣、杨树达等。1929年毕业受聘于国立北平图书馆。1934年受派到法国、德国、梵蒂冈、英国等地图书馆收集与研究中国流失海外的图书资料,如敦煌遗书、太平天国文献、明清传教士著作及中国古籍孤本秘籍。他抄录卡片、拍摄缩微胶卷、做提要或札记,成绩斐然,知名海内外。"二战"期间为美国国会图书馆整理鉴定中国古籍善本。1941年曾回国一次,参加抢运北平图书馆善本书送美国寄存工作。1947年由美返回,仍任职于北平图书馆,并兼职北京大学中文系。

经王重民向当时的北京大学校长胡适建议,1947年在北大中文系创办了图书馆学专修科,当年9月开始招生,当时只招收北大中文系、历史系成绩在75分以上的毕业生。1948年底,王重民还代理国立北平图书馆馆长职务。1949年,图书馆学专修科从中文系分离出来,王重民任主任。1952年,他辞去北京图书馆副馆长职务,专职任北大图书馆学专修科主任。1956年,经教育部批准改为北京大学图书馆学系。

从图书馆学专业建立之初,王重民制订教学计划,延聘名师，毛子水、赵万里、袁同礼、于光远、傅振伦、王利器、刘国钧等一批著名学者先后来任教或授课，为北大图书馆学系的壮大奠定了坚实的基础。北大图书馆学系迅速发展为中国的图书馆学教育重镇，与武汉大学图书馆学系比肩而立，为中国图书馆事业培养了大批精英人才。

王重民在1957年的反右斗争以及后来的"文化大革命"中，遭到迫害和诬陷，1975年4月16日含冤自缢于颐和园。

王重民的学术成就广为学界所知，他在敦煌学领域出版有《敦煌曲子词集》（1950）、《敦煌变文集》（1957）、《敦煌古籍叙录》（1958）等系列专著，在索引学领域他有《国学论文索引》（初编、续编、三编）、《清代文集篇目分类索引》（1935）、《敦煌遗书总目索引》（1962）等鸿篇巨制问世，在目录学领域有《中国善本书提要》（1983）、《中国目录学史论丛》（1985）、《校雠通义通解》（1987）等名作传世。他的著作代表了这些学术领域在当时的最高水平，至今仍是图书馆学、中国史学入门者必修的经典作品。

七　走向现代化

1　近六十年中国图书馆发展回顾

中国图书馆虽然已有百岁期颐的历史，但本书表述的重点在 19 世纪末期和 20 世纪上半叶。这也是多数史书、史话的通行惯例。作史要有距离感，许多事物也要经过一段时光的磨砺才会清晰可见，时间会使我们具有历史的眼光。因此，这本小书到此为止，也就算不负使命了。

但我仍想为本书添加个"蛇足"，在这最后一章里简略叙述一下中国图书馆现代化的历程。首先全景式地粗略回顾一下 20 世纪下半叶以来中国图书馆的发展，然后提纲挈领地简要论述现代图书馆的价值功用，以及全民阅读、图书馆数字化等当代热点问题，最后再以位于经济特区的深圳图书馆作为范例来加以论证说明。尽管这种写法属"剑走偏锋"，极易出错，且费力不讨好，还可能产生误会，但这样做不仅可成全一部聊为完整的图书馆百年史，还可为后世作史者留些鲜活的当代素材。

参照当代学者的研究成果，以公共图书馆为主线，20世纪下半叶以来中国图书馆的发展可以大致分为五个时期。

(1) 建设时期（1949~1957年）

1949年中华人民共和国成立后，国民经济得到恢复，工业化进程迅速，人民生活水平提高，图书馆事业也进入恢复和建设的新阶段。

第一个五年计划提出的图书馆建设方针是："提高质量，全面规划，加强领导，又多、又快、又好、又省地发展图书馆事业。"1955年出台了《文化部关于加强与改进公共图书馆工作的指示》，1956年颁发了《中华人民共和国高等学校图书馆试行条例草案》，使全国图书馆事业走上了有计划发展的道路。公共图书馆数量从1952年的83所增加到1957年的400所。

这一时期的兴办图书馆的思想方针主要来自苏联。列宁的图书馆理论，包括列宁夫人克鲁普斯卡娅有关儿童图书馆的论述，均被奉为圭臬。多名苏联专家来华指导图书馆工作。

"为工农兵服务"和"向科学进军"是这一时期图书馆界最为响亮的两个口号。图书馆普遍推行"开门办馆"，"普及为主，普及与提高相结合"的方针，并为科研工作创造条件，建立文献保障。

1957年颁布的《全国图书协调方案》，就是"向科学进军"的产物，在我国图书馆史上具有里程碑式的意义和深远的影响。方案中的有关规定，如在国务院科学规划委员会下设图书小组来统筹规划安排全国图书工作,在北京、上海建立中心图书馆委员会,编制全国图书联合目录等,至今仍有积极意义。可惜的是,方案中的措施大多未能真正贯彻执行。

(2) 异化时期(1958~1977年)

从1957年"反右斗争"和1958年"大跃进"开始,直至"文化大革命"结束,是中国历史上政治运动连续不断的时期。全国性的政策方针都出现了严重的失误,图书馆也因此受到摧残,办馆方针异化,事业发展停滞乃至倒退。

在这一时期,尤其是"文革"期间,图书馆逐渐沦为阶级斗争的政治工具,大批图书资料被批为"封资修"遭到禁锢,外文书刊收藏被迫中断,大量图书馆工作人员遭到迫害和摧残。

事业发展出现大反复、大滑坡。以公共图书馆为例,1957年全国公共图书馆有400多所,经"大跃进"到1960年突击发展到1093所,1963年剩下490所,到1970年时只有323所。

(3) 复苏时期(1978~1991年)

1976年,历时十年的"文化大革命"结束,1978年,中共十一届三中全会确立了改革开放的基本国策,标志着中国进入了以改革开放和经济体制改革为主要指导方针的历史新时期。我国的图书馆事业也从停滞中恢复,通过一系列的拨乱反正措施,开始了从传统图书馆向现代化图书馆的转变。

这一时期的图书馆理论研究和业务工作都有了很大进展,在书目著录、文献分类、主题标引等主要业务领域制订了多项国家标准。现代化新技术，尤其是电子计算机技术开始在图书应用，开始了图书馆自动化的新阶段。图书馆学教育也在全国范围兴起。

一系列重要的纲领性文件均在这一阶段产生，按照时间顺序主要有：1980年中央书记处通过的《图书馆工作汇报提纲》，1981年教育部颁发的《中华人民共和国高等学校图书馆工作条例》，1982年文化部正式发布的《省（市、自治区）图书馆工作条例》，1987年中宣部、文化部等4个部门联合发布的《关于改进和加强图书馆工作的报告》。其中《图书馆工作汇报提纲》是全国图书馆工作的指导性文件，是迄今为止我国唯一的国家级图书馆政策，标志着我国图书馆事业正式步入一个新的繁荣发展时期。

据统计，从1980年至1990年，县级以上公共图书馆的数量从1732所增加到2527所，藏书量从19904万册增加到29064万册，馆舍面积从92万平方米增加到326万平方米，购书经费从2273万元增加到8474万元。

（4）异变时期（1992~2005年）

1992年我国开始确立社会主义市场经济，正式步入了市场经济时代。经济建设成为这一时期的"头等大事"。

这一时期的图书馆事业有了快速的发展和繁荣。1996年第62届国际图联（IFLA）大会在北京召开，数字图书馆项目陆续启动，一大批图书馆新馆舍上马。依然以公共图书馆为例，从1990年至2005年，县级以上公共图书馆的数量从2537所增加到2762所，藏书量从29064万册增加到48056万册，馆舍面积从 326 万平方米增加到 677 万平方米,购书经费从 8474 万元增加到 59781 万元。

事业的高度发展,馆舍设备条件的极大改善,与办馆方针上的乱象丛生,形成了鲜明的对比,这是此时期的一大特色。乱象的突出表现有二:一是"有偿服务",二是"区别服务",致使图书馆办馆方针形成了异变。

"有偿服务"就是服务收费,也称为"以文养文"、"经营创收"、"图书馆产业化"等。这种行为当时得到了政府的提倡和有关政策的支持,迅速蔓延开来。

"区别服务"的本意是因材施教,有针对性地对不同读者服务。但在执行中往往成了"确保重点"和变相收费的借口,排斥广大普通读者,侵害了民众平等地享用图书馆的权利。

国家图书馆的事例很能说明当时图书馆的普遍状况。据 1999 年的报章报道,国家图书馆原来只要凭有效证件就可以到各阅览室看书,无需办理专门的证件,复印也无需付费。但"改革"后则必须凭该馆发的各种阅览证、借书证才能进馆,不同的证件使用不同的阅览室。办证都要收费,仅限当日使用的临时阅览证收工本费 1 元,基本馆藏库阅览证收工本费 10 元、押金 100 元。而且阅览室不通用,临时阅览证要进入特别馆藏资料室须另花 3 元。种种规定,不一而足。

(5) 理性复归时期 (2006 年至今)

大约从 2005 年开始,我国的图书事业呈现出大繁荣、大发展的局面。据统计,至 2012 年,全国公共图书馆数量已达 3076 所,建筑面积 1058.42 万平方米,文献总藏量 78852 万册/件，财政拨款 934890 万元，购书经费 141253 万元。这样的发展规模不仅是多年前难以想象的，也超过了许多发达国家。

更为重要的，是在图书馆界诸多有识之士的发起下，从学术理论到图书馆实践，都进行了拨乱反正，实现了图书馆办馆思想方针的理性复归，并逐步与国际化进行接轨。这一时期的标志性起点，是 2006 年杭州图书馆、深圳图书馆新馆开馆，宣布实行全面免费服务，深圳图书馆还旗帜鲜明地打出了"开放、平等、免费"的旗号；理论思想上的突破，主要反映在湖南《图书馆》杂志于 2005～2007 年创办的"21 世纪新图书馆运动"栏目之中。

这一时期图书馆的主要社会成果体现为两个文件的面世：一是 2008 年发布的《图书馆服务宣言》，二是 2011 年文化部、财政部颁发的《关于推进全国美术馆、公共图书馆、文化馆（站）免费开放工作的意见》。

2008 年 10 月，中国图书馆学会正式发布了《图书馆服务宣言》。这是中国图书馆人历史上第一次向世人表达了现代图书馆的理念，在业界内外引起很大反响。这一文件虽然名为"服务宣言"，但其思想内涵远远超越了图书馆服务工作的范畴，宣示了公共与公益、平等与自由、共享与合作、人文关怀等图书馆核心价值观和职业精神，也体现了图书馆界对根本性指导思想和办馆方针的认同和共识。

2011 年 2 月，文化部、财政部下发了《关于推进全国美术馆、公共图书馆、文化馆（站）免费开放工作的意见》。文件明确提出了图书馆保障公益、免费开放的要求,从此全国图书馆,尤其是公共图书馆进入了全面免费的时代。恰如有学者指出的,少数城市图书馆率先提出的"开放、平等、免费"的办馆方针,由学界大力倡导和部分先进图书馆的戮力践行,到最后正式成为国家的政策,是21世纪中国图书馆界的最大成就。

2 "国图事件"、"苏图事件"和"杭图事件"

进入21世纪以来,在全国引起广泛社会影响的图书馆案例,主要有2004年的"国图事件",2005年的"苏图事件"和2011年的"杭图事件"。这几个"事件"鲜活地演绎出中国图书馆在本世纪以来的困窘和变化。

"国图事件"最为引人注目,不仅因为事件发生在国家图书馆,而且颇具代表性。

2004年10月14日,暨南大学出版社副总编辑周继武在《南方周末》上发表了《国家图书馆借书记》,文中记载了他在国家图书馆的两次借书经过。2004年3月,周继武第一次前往国家图书馆借书,对国家图书馆收取阅览证工本费、典藏书复印费等感到不满。2004年5月,周再次前往国家图书馆查阅资料,先后因读者卡、索书单与管理员争执,"楼上楼下跑了三趟,折腾一个多小时",被告知没有书,其实他上次在国家图书馆看过此书。周继武找到典藏部主任也无济于事。后经一位前任副馆长帮忙,才被告知书已找到。但此时距离阅览室关门只剩下很短的时间,周继武于是放弃再进阅览室。经过3个多小时的折腾,周继武最终连书皮都未能摸到。

周文认为,国家图书馆将国家藏书变成"奇货可居的垄断资源",将图书馆借阅变成"租书"、"抵押",限制或剥夺了许多低收入者、低职位者、低职称者、低学历者、无职业者和外地人的阅览权或外借权。这样做是"对公共图书馆理念的践踏和对中国图书馆事业的误导"。

此文一经刊发,加上网络媒体的迅速传播,立即在社会各界引起强烈反响,舆论几乎是一面倒地对周的遭遇表示同情和愤慨,并支持其观点。与此同时,还引发了图书馆界内部的一场大讨论。

经过反省和检讨,国家图书馆对外宣布了相应的整改措施,包括降低借阅的门槛和限制,取消部分不合理收费,减低部分收费金额等,舆论才随之平息下来。

"国图事件"暴露了中国图书馆普遍存在的一系列严重问题。

第一,侵犯公民平等地利用图书馆的权力。图书馆非但没有提供应有的信息资源服务,还人为地设立了很多障碍,将读者分为三六九等,随意拒绝服务,将把持国家资源作为一种特权。

第二,任意乱收费。周继武在借阅过程中遭遇的收费就有:办理中文借书证收费20元加押金100元,后由于检查读者卡又补交100元,办理外文借书证要收费20元并加押金1000元,复印每页5元(当时市场价为每页0.2元),阅览室每次阅览收费20元,存包费每次0.5元,等等。周所遭遇到的实际上只是国家图书馆庞大收费项目中的一少部分,其他图书馆更有着五花八门的收费名目。

第三,图书馆从业者的职业道德和职业精神匮乏。工作人员的傲慢、冷漠,缺乏耐心、责任心,是本次事件的直接导火索。

第四,也是最主要的,政府部门没有尽到应有的责任。政府有关错误政策的误导使图书馆乱收费现象成为普遍行为。仍以国家图书馆为例,政府拨款只占国家图书馆总经费的60%,其余都要靠"创收"解决。这是各地图书馆乱收费现象严重的根本原因。

"苏图事件"发生在2005年。这年3月,北京大学教授漆永祥在"学术批评网"上发文披露他向苏州图书馆古籍部提出复制或抄录古籍的要求遭到拒绝的经过,并对苏州图书馆的古籍服务提出尖锐批评。而后又在《中华读书报》发文再度抨击苏州图书馆及图书馆界的做法。

据漆文介绍,从2004年9月到2005年春节,漆曾多次要求复制或抄录苏图收藏的一部孤本古籍,强调愿意支付一切费用。而苏图善本部负责人的答复是:苏图对善本尤其是孤本,严格规定不许拍照、复制和全部抄录,只能由苏图整理发表。为此,漆文对苏图提出了质问和批评,并呼吁社会关注读者利用古籍的权利问题。

漆永祥的文章引起媒体和公众的强烈反响,也引发网民的莫大关注,主流舆论均站在图书馆的对立面。还有人借用钱锺书的讽喻,说图书馆是"守书奴",就像太监,守着三千佳丽，自己没有能力用，也不让别人染指。

平心而论，漆永祥教授要求享受公平利用图书馆的权利本没有错，但苏州图书馆保护古籍的做法也无可厚非，毕竟古籍善本有其特殊性。但这件事反映出社会公众权利观念的觉醒和维权意识的加强，由"臣民心态"转变为"公民意识"，这是一个了不起的进步，是社会步入公民社会的表现，也是促进图书馆沿着正确道路健康发展的基本社会环境。

"杭图事件"发生在2011年1月，这天一位网友发了这样一条微博："杭州图书馆对所有读者免费开放，因此也有了乞丐和拾荒者进门阅览。图书馆对他们的唯一要求就是把手洗干净再阅读。有读者无法接受，于是找到（馆长）褚树青，说允许乞丐和拾荒者进图书馆是对其他读者的不尊重。褚树青回答：我无权拒绝他们入内读书，但您有权利选择离开。"

这条看起来不起眼的微博，在半天时间内就被网友疯狂转发了一万余条，评论近2500条，不少网友对杭州图书馆的做法赞叹不已，更将其称为"史上最温暖图书馆"。更有网友改编了阿根廷作家博尔赫斯的名言，"如果中国有天堂，那应该是杭州图书馆的模样，乞丐坐在天堂里，于是忘了地狱的模样。"

实际上这是一条"旧闻"，因为事情发生在两年前，而且褚树青馆长的原话是："我无权拒绝他们入内读书，但您有权利选择换个区域。"这点差别虽微小，却很重要，那位自诩"有身份"的人也是公民，杭州图书馆并没有以任何方式让他走开。这样才符合公共图书馆所恪守的以公民平等权益为核心的人文价值观。

这件事在社会上引起强烈反响,各大媒体纷纷报道和采访,以致使杭州图书馆褚树青馆长成为一时的"红人"。事实上这一理念在杭州和全国许多地方已经成为公共图书馆的共识和基本的办馆方针,但是在社会上一直没有引起足够的关注。公民意识的涌现,臣民意识的退场,在等待一个适当的契机。杭州图书馆的火花,点燃了公众对公共图书馆的热情,也让公共图书馆步履维艰地推行多年的价值观有机会向全社会做一次亮丽展示。

短短的几年时间,图书馆的公众形象发生了巨大变化。与"国图事件"和"苏图事件"时相比,在"杭图事件"中,图书馆不再是众矢之的,而是成了争相赞许的对象,成为"天堂"的代名词。这反映了近年来在图书馆发生的巨大变化,也说明了图书馆的努力得到了社会公众的认可。

3 服务社会:现代图书馆的价值观

作为一名现代社会的公民,我们有权利提出这样的问题:一个社会,一个城市,一个公民,为什么需要图书馆?我们纳税人为什么要出钱出力建设图书馆,并长期支持其运作,我们从中能得到什么收益和回报?这就牵涉到现代图书馆的价值观与社会功用的问题。

国家图书馆在 2009 年纪念建馆 100 周年时,曾向全社会公开征集宣传口号,最后确立的是"传承文明,服务社会"。

这八个字不仅凝聚了"百年国图"的精髓与实质,还深刻揭示了中国现代图书馆生存和发展的意义。如果用图书馆专业术语来表述的话,"传承文明"就是"存储知识","服务社会"就是"传播知识";两者之间还有一个环节,即"优化知识",就是对人类海量的知识资源筛选过滤,进行选择性保存、整理和开发,形成优质的知识集合。

先从"服务社会"说起。这里所说的"服务社会",与其他行业所说的"服务"有很大的不同,也不等同于图书馆的读者服务工作,如阅览、外借、参考咨询等。"服务社会"体现了图书馆的核心价值观。这种价值观可以归纳为公益、自由、平等,包括了信息与知识自由、全面开放方针、免费服务原则、职业道德精神等。这些理念是具有世界性的,与国际趋势接轨的,不受意识形态、政治制度和国家政权等因素的影响,具有普世的价值,受到《公共图书馆宣言》等国际通行的权威文件的肯定和提倡。

从"史"的角度看,20世纪下半叶之后,尤其是进入21世纪以来,图书馆价值观的建立可以归结为四个转变:(1)从阶级斗争工具向普遍均等服务的转变;(2)从有偿服务向公益服务的转变;(3)从封闭服务向开放服务的转变;(4)从以书为本向以人为本的转变。

正是在这个意义上,我们可以将图书馆,尤其是公共图书馆,称为"天下之公器"。公器的基本含义是"天下共用",其典出自《庄子·天运》:"名,公器也。"西晋郭象《庄子注》曰:"夫名者,天下之所共用。"后人因之将名位、爵禄、法律、学术等称为"天下之公器",如《旧唐书·张九龄传》:"官爵者,天下之公器";《资治通鉴》卷一四:"法者,天下之公器,惟善持法者,亲疏如一";梁启超《欧游心踪录》:"学术者,天下之公器也。"公器一词遂成为全社会共有、共用名物之概称。图书馆即为典型之天下公器或社会公器。

图书馆作为天下公器,其核心就是人文关怀的精神。具体说来,就是开放,平等,免费,政府创建,公费支持。上文中已经述及,这是曼彻斯特公共图书馆的首倡,也是《公共图书馆宣言》的基本原则。一个图书馆如果具备了这些特征,就可以称之为现代意义上的图书馆;反之,则不是现代图书馆,或者说不是合格的现代图书馆。一个合格的现代图书馆,尤其是公共图书馆,现代社会中人文关怀、人本主义、以人为核心的民主社会价值观可以得到充分体现。

正是基于这种认识,我们可以说:从社会的角度看,图书馆不仅是一种社会机构,还是一种社会制度。图书馆尤其是公共图书馆的存在,使每一社会成员具备了自由、平等、免费地获取和利用知识信息的权利,代表了知识信息的公平分配,从而维护了社会的民主和公正。图书馆存在的意义超过了图书馆机构的本身,有着无可替代的历史使命和社会责任,向全社会宣示了现代民主、公民权利和人人平等重要的价值观念。

如是,"服务社会"具有极为广泛的社会意义。然而,这种图书馆的核心价值和基本精神,在我国图书馆却是长期缺失、缺位的。

如前所述,现代意义上的图书馆,尤其是公共图书馆,是西方思想文化传入的产物。在我国新型图书馆创建之初，限于当时的历史条件，前辈们更多地注重图书馆的社会教育职能，引进的多是有关图书馆的方法和技术，而在一定程度上忽视了图书馆的基本精神和社会意义。1949年后，在以"阶级斗争为纲"的政治环境中，这些来自西方的观念自然成为禁区。新时期改革开放为我国图书馆的发展带来了空前的机遇，但与此同时又受到市场经济大潮的无情冲击，致使经营创收、以文养文、文化产业等种种弊端一时占据主流。因此，我国图书馆先天不足、后天压抑、畸形发展、精神缺位，是长期存在的事实。

正是由于精神缺位，致使种种弊端层出不穷。上文所述的"国图事件"和"苏图事件"这两起有社会影响的公共事件，公众舆论几乎一边倒地攻击和反对图书馆。有些很刻薄的言辞，如将图书馆限制文献利用的种种行为，比作太监守着三千佳丽，自家不用还不许别人动，在网上招来了一片叫好之声。其实也不奇怪，多年来图书馆欠账太多，积怨太深，"天下苦秦久矣"，于是这些挑头发难的人就成了陈胜吴广，这些具体事件就成了骆驼身上的最后一根稻草，激起了众怒是很自然的。

在众多的弊端中，最遭诟病的是服务收费和拒绝平等提供服务这两个问题。

收费在图书馆并不是绝对禁止的，国外发达国家的图书馆也有收费服务项目，作为额外占有公共资源的一种调节。但是将服务收费与图书馆"创收"挂钩，与图书馆职工的奖金、待遇甚至工资相联系,则是鲜明的"中国特色"。在这样的环境下,许多馆员要靠"创收"养活自己,许多馆长要靠"造血"养活职工乃至支撑整个图书馆的运作,这绝对是不正常的。这样的图书馆,不仅失去了作为公共图书馆的精神与灵魂,也失去了社会存在、获取社会支持的基本依据。

如果说某些图书馆在服务收费上还有些羞羞答答的话,那么拒绝平等提供服务就有着许多冠冕堂皇的借口:控制借阅是为了"保护文献遗产",拒绝"三无人员"进馆是为了"维护社会治安",高等级图书馆不接待普通读者是因为图书馆的"服务层次"不同,区别服务是为保障有一定级别的所谓"重点读者",而为领导服务则是"为了全体人民的根本利益"。这些说法看起来堂而皇之,实际上没有一条是站得住脚的,因为它们违背了公共图书馆作为公共服务机构的根本原则。——顺便说一下,图书馆读者的"身份"问题是有世界性背景的,美国的图书馆在20世纪60年代前还存在种族隔离条款,是马丁·路德·金领导的民权运动,才促使美国图书馆协会(ALA)在《图书馆权利宣言》中增加了不论读者的种族、宗教或个人信仰均应得到公平服务的条款。

可喜的是,21世纪以来,通过图书馆界有识之士和社会各界的倡导呼吁,几家城市公共图书馆大胆探索践行,以上弊端已经有了极大改观。近年来,图书馆界已取得广泛共识,政府也出台了多项措施和政策,将公共图书馆定性为公益文化单位,将图书馆的基本服务公益化、普遍化、均等化。有学者指出,通过业界的努力,将公共图书馆的精神、理念变为国家的政策方针，使全国图书馆朝着正确的方向发展，是21世纪中国图书馆事业发展的最大成就。

4 传承文明：现代图书馆的社会功用

现代图书馆的另一重要社会价值就是"传承文明"。"传承文明"与"服务社会"是互为因果的，"传承文明"是"服务社会"的前提和基础，"服务社会"是"传承文明"的目标和归宿。图书馆的就是要为国家、为民族、为人类积累文明、守护文明、传播文明，为提高民族素质、推动社会进步提供服务。

图书馆之所以能够发挥这样的社会功用，皆由于它拥有独特的资源：图书馆藏书。藏书是图书馆的独门利器，人类文明赖此而传承，阅读社会赖此而建立。

先从几个故事来看看古今的人们是怎样看待图书馆藏书的。

首先讲讲古人的事。"大汉文章出鲁壁，千秋事业藏名山"，是张挂在台湾汉学研究中心（即台湾"国家图书馆"）的一副楹联。个中的典故是人们熟知的，主要包含了两个故事：一是鲁壁出书之说，出自孔颖达《尚书序》等多部典籍，讲的是西汉景帝年间在孔子旧宅的墙壁中发现儒家典籍的著名故事，这是中国学术史、思想史、文献史上的重大事件；二是名山藏书的典故，名山是司马迁虚构的理想文献典藏之地，即收藏《太史公书》的地方："藏之名山，副在京师，俟后世圣人君子"(《太史公自序》),"藏之名山,传之其人"(《报任安书》)。鲁壁出书,名山藏书,都反映了我国传统文化中对文献收藏的尊崇和景仰,这副楹联悬挂在图书馆是再合适不过了。在中国传统文化中,文献是"载道"的,也是文明的象征,所谓"唯殷先人,有典有册"(《尚书·多士》),其使命是"为天地立心,为生民立命,为往圣继绝学,为万世开太平"(张载),因此文献要"藏之名山",流传万代。中国民间也有"诗书继世长"的优良传统,以及"敬惜字纸"的质朴习俗。这就是我们祖先的文献观念。

再讲一个现代的故事,就发生在笔者曾供职的北京大学图书馆。笔者毕业后留校工作之时,是20世纪80年代初期,北大的"派性"遗存还是很厉害的,人们相互仇视、敌对、拆台,缘起就是"文革"时结的怨。可以想见,在"文革"时期,所谓的造反派保皇派、天派地派、这个派那个派,相互"斗争"有多么残酷,伤害又有多么深。可是从北大图书馆的一些老馆员那里多次听到这样的故事:"文革"肇始时"破四旧",红卫兵涌入图书馆要烧掉"封资修"的书刊,而北大图书馆的藏书按照当时的标准几乎统统都是"封资修",应该付之一炬的。这时,北大图书馆里正在斗得你死我活的几派就联合起来,不计前嫌,日夜守护,保卫藏书,最后象征性地烧了几本当时正在大力批判的《燕山夜话》和《三家村札记》了事,图书馆的藏书基本没有受损失。类似的"文革"期间保卫藏书的故事在上海图书馆和其他地方的一些图书馆也发生过。我曾为此问过一些北大图书馆的老馆员,你们不是"对立面"吗，怎么不趁机将对方整掉？老馆员听了似乎不解：我们是干图书馆的呀。这个故事令人感动，它体现了图书馆的职业精神和职业道德，甚至是职业本能，即对文献的珍爱、尊崇和馆藏神圣的信仰。这些图书馆员都是些普通人，他们不会先知先觉地对"文革"有什么超出时代的认识，甚至许多人也没有受过正规的专业教育，但他们非常值得敬仰。

再讲一个发生在不久前的故事。作为反面例证，它是图书馆乃至整个社会藏书观念缺失的产物。日前，某地图书馆高调宣布：借书证不再收取押金。该地政府领导放言，为使市民多办证、多借书，借书押金一律免除，由此而造成的图书馆书刊丢失的损失，全部由市财政增拨款项来买单。应该说，免收押金是公共图书馆一项具有重大积极意义的举措，应予提倡推广。中国香港和许多西方国家的公共图书馆都是不收取借书押金的，居民的诚信本身就是担保。但该地推出的这一举措，虽然也是用心良苦，却让人感觉有些不大对味儿，因为该地政府和图书馆不是寻求建立可以取代押金的信用担保制度，而是不惜损失图书馆的文献收藏，就如同是在给市民开粥厂、发红包、派利是。在他们眼中，图书馆书刊的损失是可以用金钱来补偿的，馆藏的文献是可以作为福利赠送给市民的。最可笑的是，享受这一"福利"的恰恰是那些品行有亏、需要教育惩戒的"雅贼"，而广大遵纪守法的公民却要蒙受由此带来的损失，如加大财政开支、损失公共文献收藏等。在这件"好事"的背后，我们看到了对图书馆观念的错位，对图书馆藏书认识的缺位，以及对文化遗产和文明传承的漠视。

文献，藏书，是图书馆的基本资源，更是图书馆社会功用的核心所在。对于文献和藏书，国际思想学术界已经从人类历史和哲理的角度进行了阐述。其中英国大哲学家卡尔·波普尔（Karl Popper）的"世界三"理论是许多人熟知的，其大意是："世界一"是客观的世界，"世界二"是人们的头脑中的精神世界，"世界三"是文献的世界。卡尔·波普尔因此得出了一个著名的结论：如果世界毁灭了，只要图书馆收藏的客观知识和人类的学习能力还存在，人类社会仍然可以再次运转；但如果图书馆也被毁灭，人类恐怕就要回到洪荒时期了。意大利著名哲学家、作家翁贝托·艾柯也说过："数百年来，图书馆一直是保存我们的集体智慧的最重要的方式。它们始终都是全人类的大脑，让我们得以从中寻回遗忘，发现未知。……换句话说，我们之所以发明图书馆，是因为我们自知没有神的力量，但我们会竭力仿效。"

我们今天所说的图书馆藏书，既包括传统的纸质文献，也包括新媒体文献、数字文献，它们都属于文化遗产、文明成果，都是需要图书馆收藏、传播、保存和传承。如何看待纸质文献和数字文献的发展及两者的关系，下文再做详细论述。

与其他形式的文献收藏不同，图书馆藏书的特点是其系统性和长期积累，用专业术语表述，就是建立起完备的文献资源保障体系，为的是给当代提供有保障的系统的文献服务，也为给后世留有一份完整的全面的文化遗产。目前还没有任何其他社会机构在这一点上可以取代图书馆。

曾有不少人问过我：图书馆和书店有什么不同？这个问题

听起来幼稚可笑，但对许多人来说却是确确实实存在的疑惑。在某些人（也包括一些主管官员）眼中，图书馆只是茶余饭后的文化休闲场所之一，和书店及影剧院、文化馆、公园广场等，没有什么大的差别。许多城市的图书馆与书店往往建在了一起，就是实例。某地一位主管领导甚至推广其"先进经验"：书店与图书馆"联营"，书店给图书馆发奖金，图书馆则把书店卖不出去的垃圾书刊统统买下，于是各得其所，皆大欢喜。

图书馆有着比文化休闲更为重要的社会功能，除了上文提到的社会意义外，还要为社会的发展提供全面、完备、系统的文献资源保障，并要承担文明传承使命。这样的功能和使命，书店能否完成呢？不能。书店只能提供当年及近年的新书，甚至只是有销路的新书，不会系统地按照学科、专题来收集和积累文献，也不会提供卖不出去的书刊。同样一本书，在书店只是商品，到了图书馆就成了馆藏，而馆藏则是人类文化遗产的范畴，亦即波普尔大师所说的"世界三"。馆藏的使命是"为往圣续绝学"，为当代献服务，为后世传文明，永远都不能将馆藏作为"红包"派发。

那么，凭借个人的收藏能否建立起这样文献保障体系呢？应该承认，历朝历代的私家藏书曾经起到过非常积极的历史作用，为文化传承、文献保存和文献研究做出过重大的贡献，许多重要的学术成果也是以此为依托完成的。但毕竟时代不同了，收藏书刊作为"雅好"可以，但不大可能凭此解决重大课题，藏书家的时代已经过去。远在两千多年前的古代社会，对文献数量最为夸张的形容不过是"学富五车"、"汗牛充栋"。即使当时的文献总量如此有限,孔子还要"问礼"于"周藏室"(周王朝的国家图书馆),亚里士多德还要借助"学园图书馆"。可以说,面对今天的出版量和社会信息量,凭借个人的力量已经不可能建立起完备系统的文献收藏,只能依靠社会化的分工,也就是依靠图书馆及其他社会文献机构。这就如同生病要找医生,上医院,寻求专业帮助,靠个人买些感冒胶囊之类的只能对付一些头疼脑热的小毛病。

就行使提供文献保障、传承文献遗产的功能而言,目前还没有其他社会机构可以取代图书馆的藏书。遗憾的是,在许多图书馆这一功能却往往被漠视了。因为被漠视的恰恰是图书馆之所以成为图书馆的最为根本的东西,是图书馆之外其他机构无法替代的社会作用,故曰"舍本"。而"舍本"的后果是严重的,如今一些图书馆生存和发展都成了问题,其根源就在于此。道理很简单,倘若公共图书馆只是着眼于提供茶余饭后的"文化生活",自视为休闲场所,那么社会也会如此认知公共图书馆。这样的结果就是逐渐"边缘化",游离于主流社会发展之外,有你也行,没你也行,活着也行,死了也行,最好的待遇也只能是"后天下之乐而乐",享受古来圣贤的境界了。

5 全民阅读时代的图书馆

全民阅读是当今重要的社会现象和时代特征。全民阅读不同于普通的阅读,也不是通常意义上的图书馆阅读。而图书馆却是全民阅读的不可替代主体,在这场大戏中扮演主要角色。

可以说当今的社会是阅读的时代。随着时代的发展,社会的进步,以及各种新技术在阅读领域的应用,使阅读的概念越来越宽泛,阅读的内涵和外延日益在扩大。在当今的时代里,阅读无处不在,无时不在,因此我们可以称为"大阅读"时代。"全民阅读"即由此而产生。

弗兰西斯·培根曾有名言:知识就是力量。而知识最为主要的来源就是阅读。阅读是人们接受教育、发展智力、获取信息的根本途径,事关整个社会的科学文化品质和可持续发展能力。所以我们也可以说:阅读就是力量。一个人阅读的力量,决定个人学习的力量、思考的力量、实践的力量;所有人阅读的力量,决定国家文化的力量、精神的力量、创造的力量。西方启蒙先驱马丁·路德曾说:"一个国家的繁荣,不取决于它城堡之坚固,也不取决于它设施之华丽;而是在于它的公民的文化修养,即在于人民所受的教育,人们的远见卓识与品格的高下,这才是利害所在,真正的力量所在。"联合国前秘书长、诺贝尔和平奖获得者科菲·安南也有一句脍炙人口的名言:"知识是力量,信息即解放,教育是每个社会和每个家庭发展的前提。"我国著名阅读倡导人朱永新先生曾经这样概括阅读的社会作用:一个人的精神发育史就是他的阅读史;一个民族的精神境界取决于她的阅读水平;一个没有阅读的学校不可能有真正的教育;一个书香充盈的城市才能成为美丽的精神家园;共读共写共同生活才能拥有共同语言共同价值共同愿景。

这是理想的社会阅读愿景。那么现实的社会阅读状况又如何呢?

有人曾经这样形容当下的社会阅读:"最好的时代,最坏的时代。"这里借用的是英国大文豪、大作家狄更斯的名言。在《双城记》里,狄更斯这样写道:"这是最好的时代,也是最坏的时代;这是智慧的年代,也是愚蠢的年代;这是信仰的时期,也是怀疑的时期;这是光明的季节,也是黑暗的季节;这是希望之春,也是绝望之冬;我们可能拥有一切,也可能一无所有;我们正走向天堂,也正走下地狱……"狄更斯所处的维多利亚时代,正是这样一个社会急剧发展、各种矛盾突出爆发的时代,与我们今天的社会颇有几分相似。

这句名言也适用于今天的阅读,尤其是图书馆阅读。

为什么说是"最好的时代"?我们不妨套用一句旧日陈言:国内外形势一片大好。

从历史发展看,促进读书,倡导阅读,是全世界各民族和各文明共同的文化传统,历史悠久,源远流长,与人类文明的发展相始终。但当代社会的阅读潮流,亦即"全民阅读"的兴起,则肇始于20世纪90年代前后,其标志性事件就是联合国教科文组织在1995年建立的"世界读书日"(即4月23日"世界图书与版权日")。这一旨在鼓励人们多读书、读好书的日子已演变成为世界性的读书盛会,尤其是在图书馆,现在国内外图书馆都把"4·23"世界读书日当作重大节庆。每年这一天,世界上100多个国家的图书馆都会举办多种多样的阅读促进活动,美、英、法、日、俄、新加坡等诸多国家设立了全国性的读书节,而举办相应读书节庆的城市更是数不胜数。许多国家和城市都把促进阅读上升到法律高度，建立了一系列法律法规，使之成为不折不扣的国家工程、全民工程。

国内的全民阅读兴起并蔚然成风，也始于20世纪末期，与世界潮流基本同步。1997年1月，中宣部、文化部、国家教委、国家科委、广播电影电视部、新闻出版署、全国总工会、共青团中央、全国妇联等九部委发出《关于在全国组织实施"知识工程"的通知》，发动了一场以发展图书馆事业为手段，以倡导读书、传播知识、推动社会文明与进步为目的文化系统工程。2004年4月，全国知识工程领导小组和文化部联合主办、中国图书馆学会和国家图书馆承办的以"倡导全民阅读、建设阅读社会"为主题的"世界读书日"宣传活动拉开序幕。此后每年的"世界读书日"前后，全国各地都会开展丰富多彩的阅读推广活动。

在中央和国家政府层面，已经明确把推动全民阅读列为重要的立国方针。2011年党的十七届六中全会通过的《关于深化文化体制改革推动社会主义文化大繁荣大发展若干重大问题的决定》，把深入开展全民阅读活动作为加快城乡文化一体化发展的重要内容。2012年党的十八大报告明确提出"开展全民阅读活动"。李克强总理在2014年十二届全国人大第二次会议的政府工作报告中提出"倡导全民阅读"。国内各地方政府的读书节庆活动肇始于1998年在深圳开展的"深圳读书月"。据不完全统计，现在全国已经有四百多个城市开展了读书日、读书节、读书周、读书月、读书季的活动。

再看图书馆界。开展阅读活动已经在国内外图书馆界形成高度共识。《公共图书馆宣言》将开展阅读活动列为图书馆的重要使命，是"公共图书馆服务的核心"之一。国际图联（IFLA）等国际组织的相关宣言、文件，都把阅读放到重要和突出的位置。《中国图书馆服务宣言》则说得更为明确："图书馆努力促进全民阅读。图书馆为公民终身学习提供保障，促进学习型社会的建设。"

2006年中国图书馆学会成立了"科普与阅读指导委员会"，2009年换届时更名为"阅读推广委员会"。现在阅读推广委员会已有十五个专业委员，委员300余人，分布于全国各地各类图书馆。多年来已经组织了几百场次的阅读推广活动，造就了"全民阅读论坛"、"全民阅读高峰论坛"等著名活动品牌，撰写出版了数十本著作和大量研究论文，承接并完成多个相关的科研课题。现在中国图书馆学会阅读推广委员已经成为全国进行阅读推广活动的中坚力量。

这里说"阅读的最好时代"，另一重要的表现是：各种新技术大量涌现，并在阅读中迅速得到应用，极大地扩大了阅读的领域，使资源极大丰富，获取极大方便，检索、利用手段日新月异。这一趋势发展迅速，势不可挡，给图书馆乃至整个社会带来了深刻变化，也带来了不曾遇有的发展机遇。

然而现在也是阅读"最坏的时代"。

危机是多方面的，如社会阅读风气的萎靡、低落，乃至消失，不读书或是极少读书的人群仍有相当的数量；娱乐致死，"不娱乐毋宁死"；信息攫取"碎片化"，缺少系统的阅读学习；以治学为主的知识分子，急功近利，读书浅尝辄止，热衷于制造学术垃圾。为此有人提出了"伪阅读"的概念,意谓许多人不是真的在读书,而是假读书,尤其是一些大部头书、古文书、外文书,不愿意下工夫,只是走捷径,浅尝辄止,或是看一些零星的二手资料。因此,现在既是"大阅读"时代,又是"伪阅读"时代。

更深刻的危机同样来自各种新技术的涌现及其在阅读领域的普遍应用。新技术是一把最好的和最坏的双刃剑。

新技术应用引发的阅读嬗变和图书馆危机不是现在才开始的。早在20世纪七八十年代,美国著名的图书馆学家兰卡斯特(F. W. Lancaster)就提出了一个"无纸社会"(paperless society)的著名预言:"我们正在迅速地不可避免地走向无纸社会","图书馆主要是处理机读文献资源,读者几乎没有必要再去图书馆","再过20年,现在的图书馆可能完全消失"。这位令人尊敬的学者近日刚刚去世,受到世界同行的追念缅怀。曾有一位崇拜者当面询问兰卡斯特,为什么他的"无纸社会"预言没有如期实现,这位大牌教授的回答是:我的预言本没有错,是这个社会发展错了——典型的美国式幽默。

尽管兰卡斯特的预言没有如期兑现,但新技术给图书馆以及社会阅读带来的冲击是确实存在的,而且日渐明显、急迫。因为新技术的冲击,读者阅读习惯的改变,社会信息渠道日益多样化,读者对图书馆依赖程度的降低甚至流失,致使图书馆面临消亡的危机,也给全民阅读带来了诸多的冲击和困惑。

然而,无论阅读的形势、形态如何变化,图书馆尤其是公共图书馆依然是全民阅读的主体。

图书馆作为天下公器，其核心就是人文关怀的精神。现代社会中人文关怀、人本主义、以人为核心的民主社会价值观，在现代图书馆中可以得到充分的体现，普天下的读书人在此可以不受阻碍地汲取知识、健康成长，从而向全社会宣示了现代民主、公民权利和人人平等重要的价值观念。这正是全民阅读的基本前提、中心内容和核心目标。因此，在当今社会，图书馆是社会阅读的主体，也是全民阅读的主要场所。

恰如上文所述，今天的社会阅读是个很大、很宽泛的概念。正襟危坐，"红袖添香"，固然是阅读，但在路边买份书报刊翻阅也是阅读，打开手机刷微博、看微信同样是阅读。全民阅读活动并不是图书馆一家的事情。

阅读虽然多种多样，但是还是要提倡深入的、学习型的阅读，通过阅读全面系统地掌握知识，而知识就是力量，穷则丰富人生，达则改造社会。即使是大众型、消遣性阅读，也要提倡多读书、会读书、读好书，通过有计划、有系统地读书，创建健康有益的文化生活。要进行深入系统的阅读，完整全面地掌握知识，图书馆是最好的场所，甚至是唯一的场所。只有图书馆，才具有完备的文献资源保障体系，才能为读书人提供全面系统的文献服务；也只有在图书馆，才能领略到完整的科学知识体系和全部的人类文化遗产，从而站在巨人的肩膀上来看这个世界。所谓"巨人肩膀"，实际上就是前人成果，就是文献，就是图书馆。

目前还没有任何社会机构在阅读这一功能上可以取代图书馆。举例讲，如果某一学科或专题的有关文献有 100 篇，其研究者或学习者至少要掌握其中的80篇，还不能遗漏核心文献，才算得上有起码的了解，才算入门。社会上能够提供这样文献保障的机构只有图书馆。这就是图书馆系统收藏的不可替代的作用。

这样的功能和使命是其他社会机构无法完成的。上文中已经述及，书店只能提供当年及近年的新书，甚至只是有销路的新书，不会系统地按照学科、专题来收集和积累文献，也不会提供卖不出去的书刊。上网浏览固然可以获得大量信息，但未经筛选，垃圾信息充斥，个人往往没有能力甄别利用。凭借个人的收藏也很难建立起文献保障体系。面对今天的出版量和社会信息量，凭借个人的力量已经不可能建立起完备系统的文献收藏，只能依靠社会化的分工，也就是依靠图书馆及其他社会文献机构。

6 数字化时代的图书馆

我国图书馆的自动化、数字化始于20世纪80年代。1988年，文化部委托深圳图书馆研制成功"图书馆自动化集成系统（ILAS）"，并在全国推广。21世纪之后，以电子计算机技术为代表的各种新技术陆续在图书馆广泛应用，图书馆界对新技术的反应亦更加敏捷、更见成效，在服务创新、管理创新上愈加丰富多彩，也愈加多元化。中国图书馆已经进入了数字化的新时代。

近年来实施的具有较大社会影响的数字化和新技术项目主

要有：

(1) 中国高等教育文献保障系统，英文简称 CALIS。另有与之配套的中国高校人文社会科学文献中心（CASHL），大学数字图书馆国际合作计划（CADAL）。CALIS 是国务院批准的高等教育总体规划中三个公共服务体系之一，共有三期，第一期于 1998 年开始，第三期于 2011 年结束。

(2) 全国文化信息资源共享工程。2002 年 4 月由文化部、财政部共同组织实施。主要内容是利用现代信息技术，将中华优秀文化资源进行数字化加工整合，通过互联网、卫星、电视、手机等新载体，依托图书馆、文化站等文化设施，在全国范围实现共享。

(3) 城市街区 24 小时自助图书馆。2007 年由文化部立项，深圳图书馆研制开发。它是集数字化技术、无线射频识别技术（RFID）、自控分拣技术等于一身，为城市居民提供 24 小时不间断借阅服务。2008 年研制成功，2009 年文化部召开全国会议进行推广。

(4) 数字图书馆推广工程。2011 年由文化部、财政部推出，国家图书馆牵头，目标是建设公共文化资源库群和数字图书馆服务平台，实现数字图书馆服务惠及全民。

那么，在数字化大潮的席卷下，图书馆阅读方式会有哪些变化，与我们这些普通读书人又有什么关系呢？相信有人会提出一系列疑问，现在已经进入网络化、数字化时代，图书馆是否还是社会阅读的主体，是否还具有不可替代的社会价值和功用，我们是否还要到图书馆读书？

这种疑惑不足为奇。各种新技术手段进入阅读领域以来，使我们的社会出现了截然不同的两个阅读群体，或者是两种阅读观。一部分人极端地依赖各种新技术来获取信息，出现了网络控、手机控、微博控、微信控一族人，他们几乎从不阅读传统纸质文献。这些人以年轻一代的"新新人类"居多，也有部分对新技术较为敏感和热衷的中老年人。

另有一部分人则极端地抵制新技术，拒绝任何新媒体文献，其中不乏深具影响的大家。这里且举两个例子。

一是王蒙先生。2012年在东莞召开的"2012中国图书馆年会"上，王蒙先生在闭幕式上做了题为《现代性文化与阅读》的演讲。这篇演讲的结论性意见是："读书是不能替代的，不能用上网替代，不能用看VCD替代，不能看DVD替代，不能用敲键替代，甚至也不能用手机和电子书来替代。……正是最普通的纸质的书，它表达了思想，表达了思想的魅力，表达了思想的安宁，表达了思想的专注，表达了思想的一贯。因此图书馆是一个产生思想的地方，是一个交流思想的地方，是一个深化思想的地方。"

另一位是易中天先生，他的表达更为妙趣横生。当谈到数字媒体是否会代替传统出版物的时候，易先生激动地说："完全替代是不可能的。那种用手触摸精装书籍的美好触感，电子阅读永远无法代替。经典作品还是要靠纸质媒介呈现，就像满汉全席，能用塑料盘子装吗？"

无论是王蒙先生、易中天先生，还是"新新人类"，阅读传统纸质文献还是新型数字文献都是见仁见智的事情，各取所需即可。但对于图书馆来说就不同了，有许多迫在眉睫的问题要解决，如纸本资源收藏与否、传统文献与数字文献的关系、比例问题，就很现实地摆在图书馆面前，都是图书馆不得不面对，不得不拿出解决的思路、方案。

在这个问题上，国内图书馆界有着截然不同的看法，并出现了一南一北两位"腕儿级"的代表人物。一位是北京国家科学图书馆张晓林馆长。他多年大力倡导"电子文献先行"(e-first)、"网络先行"(i-first)，有人说他恨不能将所有纸质文献统统请出图书馆。另一位是广东中山大学的程焕文馆长。他的宗旨是"保留一切有价值的纸片"，恪守纸质文献的核心地位。

那么，这两位"大腕儿"我们到底应该听谁的呢？也就是说，我们的图书馆应该如何应对社会阅读的变化和需求呢？正确的主张是两点：一是思想要敏锐，认识要超前；二是行动要保守、谨慎，尤其是涉及采取破坏现有资源和现有服务模式的措施，一定要缓行、慢行、三思而后行。

图书馆应该紧跟社会趋势和技术潮流，但是遇到具体问题，就一定要采取慎重的态度。例如前面所述的选择数字阅读还是纸本阅读，在个人来说是各有所好、见仁见智的事，但对图书馆就不一样了，因为涉及图书馆的馆藏模式和服务方针这样的根本大计，必须要有清醒认识和正确对策。至少在目前，图书馆的纸本文献仍然是不可缺少的，仍然要实行数字文献和纸本文献并存的方针。我们这样讲，主要是基于以下两个现实的因素。

(1) 社会纸质文献资源极为丰富，还没有被数字文献完全取代。图书馆有"传承文明"的社会责任，要为后人留下完整全面的文化遗产，因此不能舍弃纸本资源。

(2) 读者对纸质文献的需求很大，尤其是公共图书馆，我们不能忽略普通读者尤其是底层民众对传统文献的现实需求。

后者涉及图书馆的人文关怀，因此必须强调。且举一个笔者个人经历的来做例证。在20世纪90年代初期，笔者在北京大学供职，当时北大图书馆宣布取消原有的卡片目录，全部采用机读目录（MARC）。这在全国高校图书馆是首家，我们都很以为荣耀，当时在图书馆界也是一件重大的事情。不久后到美国出访，得知了另外一个故事：在美国的一家大学，当时也曾计划取消卡片目录，但是因为有几位教授从不肯使用电脑，图书馆最后决定卡片目录依然保留。两种做法，反映了两种态度，两种考量。且不说其是非对错，毕竟现在图书馆大多已经不再使用卡片目录了，但无疑美国这家大学的做法更具有人文关怀的精神，而不是技术至上主义，不是为技术而技术、为现代化而现代化。这正是我们所缺乏的。

毫无疑问，今后的世界，纸张和纸质文献还会继续存在并发挥作用，不会马上消亡。但是如同枪械出现了弓箭还会存在，电灯出现了蜡烛还会存在，汽车火车出现了马匹还会存在，其地位和意义却是不一样的。毕竟社会已经进入到信息化、网络化、数字化的时代，社会阅读也好，图书馆也好，都会发生重大的嬗变。

然而，变中亦有不变，万变不离其宗。在网络化、数字化时代，图书馆独特的、不可替代的社会作用非但没有减弱，反而更加强化了。这是因为图书馆为社会提供了丰富实用的数字资源。与互联网上良莠并存、未经筛选的信息不同，图书馆收藏和提供各种的数据库，如同图书馆的藏书一样，是经过精挑细选和专业化整理揭示的，因此是最重要、最实用、最具价值的信息资源，而且大都是免费提供使用的。即使是所在的图书馆数据库不够齐备，使用者另有需求，现在图书馆大都可以通过各种图书馆协作关系和资源共享平台，利用其他图书馆的数据资源，这些服务都是无偿提供的。无论是普通读书人，还是读书治学者，图书馆数字资源都是基本资源和首要选择。遗憾的是，现在图书馆的数字资源利用率普遍偏低，许多人包括一些大学者，不知道、不会用或不善于利用图书馆的数字资源，是常见现象。

刚才说到的王蒙先生、易中天先生两位大家的言论，不妥之处就在于此。两位先生的人品才学值得敬重，但他们在现代文献、尤其是图书馆收藏的各种数字资源方面表现出的偏执却不足取。在现代社会，对于治学之人，推而广之到一切利用文献为学的读书人，一定要学会利用数字文献，其中主要是图书馆收藏的各种数字资源。作为一名现代学者，这是已经成为必不可少的学术功力。

笔者曾在各种场合多次表述这样的观点：我们之所以坚信当今已经进入数字阅读的时代，数字阅读会取代传统阅读成为社会阅读的主体（不是全部），最为重要的依据，就是今天的图书馆已经初步建立起系统完备的数字资源体系。在目前社会上，还没有其他社会机构拥有这样完备的数字资源，这样系统的数字阅读保障，这样全面无偿的服务。图书馆之所以能够如王蒙先生所说，是产生思想、交流思想、深化思想的地方，不仅仅是因为有传统的纸质藏书，今天还要有赖于这些足不出户即可坐拥天下资源的数据库集合。

很难想象当今社会的治学者能够脱离图书馆的数字资源来搞科研、做学问，就是追求全面系统阅读的普通读书人，也不应忽略这一高效便捷、人皆可用的途径。不管阅读习惯如何，都没有理由说图书馆的数字资源不能"表达思想"，都不能否认这些数据库集合是无比丰盛的"满汉全席"，更不可无视或拒绝利用这些全体公民都有权利享用的公共资源。图书馆数据库中有最新的科技论文和学术成果，最新的学术著作，也有《四库全书》这样的古籍原始文献，如果说这些不是"高大上"的满汉全席，什么才是？

曾有一位史学研究者说过，只要学会利用各种图书馆数据库，每个研究者在占有资料上都可达到陈寅恪先生的水平。这是深得个中三昧者之言。

王蒙、易中天等人之所以有这样的看法，源于这样一种流行的思维定势：在电脑、网络或手机上阅读都是"浅阅读"，一卷在手才是读书。此乃无稽之谈。从历史上看，人类使用过几乎一切可以用于记载图文的介质，如竹、木、绢、石、草、叶、泥、青铜、陶瓷、兽皮等，直到后来才普遍使用纸张。在使用这些载体的时候，人类的文明都曾辉煌发展，如纸莎草时期的古埃及文明，泥版文书时期的两河流域文明，简策时期的商周秦汉文明。而后来之所以选择纸作为文献载体，原因在于其廉价易得。可以肯定，如果有更便捷、更廉价的载体，人们的选择肯定会发生变化，而且这个变化现在已经发生了。在现有的图书馆各种数字资源中，几乎囊括了一切文化科学成果，这一切都不是"浅阅读"可以解释的。

记得在笔者幼年的时候，家中有位学养深厚的长辈，对当时出版的书刊深恶痛绝，在他眼里中，中文用简体字从左至右横排出版，乃岂有此理之事，"数典而忘其祖"，因此断言我们这一代将为此变得没文化。还有一位长辈的长辈，从不读西式装帧的书籍，只看线装书。时至今天，事实证明，文明依然以新的形式得到传承。现在每当我听到一些人对年轻人偏爱电子阅读而横加指责时，就会想起幼时的这些"杞忧"。

历史上也曾发生过保守的士大夫鄙视纸张这个"新媒体"的事情。在东汉年间，有个叫崔瑗的官员送给朋友《许子》一书，因为是用纸抄写的，而不是用当时上层社会使用的缣帛（素），就写信致歉。《全汉文》记载了这封信的全文："今遣奉书，钱千为资。并送《许子》十卷，贫不及素，但以纸耳。"崔瑗写此信时应在蔡伦造纸成功之后的二三十年，当时社会主流还看不起纸张这个新载体，以至崔瑗还要为"贫不及素，但以纸耳"道歉。这与当今某些所谓的读书人看不起数字媒体何其相似。然而"简重而帛贵"，必为新生的纸张所取代，就在其后不久，至迟在魏晋南北朝时期，纸张就成为主要的书写材料。

为此，我由衷相信，即使有一天纸质文献真的消亡，电子文档独步天下，天也塌不下来。

我们生活在一个日新月异的高科技时代、信息化时代、数字化时代，我们将有幸见证历史文化的沧海桑田之变。数字阅读的产生、发展和演变，就发生在我们的身边，与我们每个人息息相关，而且每日每时都在急剧变幻。为此，虽然不能确定上文中论点都是正确的，却能肯定地说：生活在这样一个风云变幻的时代，真好！

7 现代化的范例：深圳图书馆

深圳图书馆（以下简称深图）是在深圳经济特区建立后兴建的"八大文化设施"之一，建成于1986年。

作为一所新兴的副省级城市图书馆，深图远称不上历史悠久，也不是什么行业的龙头老大。但由于植根特区的沃土，凭借改革开放的东风，深图堪称是我国图书馆现代化进程的典范和缩影，借此一斑可窥全豹。因此这里将深图作为一个范例，对本章重点论述的探索践行现代公共图书馆理念和应用现代化新技术这两个问题做一实证解析。

如前所述，图书馆的基本精神和核心价值观在我国图书馆长期缺位，弊端丛生。深图作为中国的公共图书馆，其服务理念的形成和发展离不开国内整体发展的历史环境，也无例外地经历了这一历史发展过程。种种问题和弊端，深图都曾经程度不同地存在，有的情况还十分严重。

深图自建馆以来一直将开放作为旗帜,多年来走在全国前列。但当时所标榜的开放,主要是指开架服务,如全部文献均实现了开架,不设闭架书库,这些做法在那个年代是开风气之先的。然而当时办理借书证只限于户籍人口,在深圳居于大多数的非户籍外来建设者是不在此列的。有些阅览室(如港澳台阅览室)要限定一定级别的读者。显然,这些做法与我们今天所说的开放、平等还有着很大的差距。

为了纠偏,深图适时地采取了一系列的措施,主要有免证进馆、不分户籍敞开办理借书证、向所有人开放所有阅览室等。为了让市民了解这一的方针,深图负责人还曾多次对媒体宣称:"深图向所有读者敞开大门。无论你的身份、地位如何,有没有工作、户口、住房,衣着是否鲜亮,囊中是否羞涩,既然来到图书馆,就是渴求知识,拥抱文明,都会受到一视同仁地热情接待。"这与杭州图书馆敞开大门欢迎乞丐入馆是同出一辙的。

但要全面贯彻这一方针还是遇有不少阻力。如,深圳当时严格执行非户籍人口办理暂住证和边防证的制度,否则一律按照"三无人员"收容并遣送回原籍,图书馆免证进馆的做法明显与这一规定不符,因而受到了有关部门的非难。再如,全面免证开放也使得不少小偷、流氓及精神病患者也到图书馆来为害,加大了安保管理的难度。但无论如何,深图还是克服困难坚持了下来。

最为困难的还是纠正"有偿服务"的弊端。由于多年实行"以文养文"政策导向,形成了"十亿人民九亿商"的局面，机关和事业单位"创收"成为一时风气。在当时的深图，服务收费也是"创收"的重要内容。各服务部门收入多少是按收费比例提成的，多挣多得，于是部主任们都各显神通赚钱，为职工发奖金成了他们的头等大事。这件事直接牵涉职工利益，且积重难返，改正谈何容易，任有天大的"理念"，现实中也寸步难行。

深图采取的是抓住时机、适度推行、逐步改进的方针。首先，对有偿服务项目进行了整顿，杜绝未经批准的乱收费行为，由于创收不足而造成奖金减少的部门由馆里补贴。2005年初，全市事业单位实行奖金改革，由市财政发放统一标准的岗位津贴。借此良机，深图基本取消了所有的有偿服务项目。部分需要保留的收费项目，严格实行"收支两条线"，全部上缴财政，不再和职工的奖金福利挂钩。

2006年7月，深图新馆落成开放。深图领导团队充分利用这一时机，努力将多年来他们对公共图书馆的理解和探索融入到新图书馆之中，全力打造一个"真正的公共图书馆"。在业界，深图祭起了"天下之公器"的旗帜，从理论上澄清有关公共图书馆的诸多问题，探索公共图书馆的精神实质。对外宣传上，提出了"开放、平等、免费"的口号。一时间，"开放、平等、免费"成为业界内外关注和热议的焦点话题。

其中公众最为关心的热点还是免费服务，为此深图还提出一个更为生动形象的提法：到深图不用带钱包。一时媒体争相报导，市民街谈巷议，公关工作很是成功。深图实行的是彻底、全面、真正的免费服务，就连一般准许收费的如读者证工本费、读者年审费、上网费等也都免掉了。读者涉及的费用实际上只有两项，一是象征性的外借押金，中文文献外借 5 册押金 100 元，外文 200 元，因为社会还没有建立起完善的诚信制度；一是逾期滞纳金及书刊损坏赔偿金，因为还要维护全体读者利益，为国家财产和公共藏书负责。

深图的办馆理念和实践在全社会产生了积极而深远的影响。无论是有关领导、业界专家，还是媒体、市民，都对此给予了积极的评价，甚至一时蔚成社会风气。此后不久，深圳的各大文化场所都陆续免费对公众开放，全国有多家省市级公共图书馆也相继宣布实行免费服务或减少服务收费，就是那些不肯转向的也不敢那么理直气壮无所顾忌了。这些都与深图的率先作用有关，在社会公益服务这个事关图书馆根本大计上，捅破了窗户纸，撕开了遮羞布。深图是国内探索和实践公共图书馆精神及公益文化服务的先行者，起到了为天下先的作用。至 2011 年文化部、财政部文件下发后，全国公共图书馆基本服务全部实现了免费。

现代化图书馆离不开新技术手段的支撑。深图将"技术立馆"作为重要方针，并多年保持在现代技术应用上的优势。

建立技术立馆的方针，并不是什么人先知先觉、高瞻远瞩提出来的，而是由于历史的缺憾造成的，或者说是一种不得已的选择。深图 1986 年建馆，只有 20 多年的历史，属于新建馆、后起馆、后来者。与国内许多业已建馆一百多年的大馆、老馆相比，失去了许多历史机遇，显得先天不足。譬如，没有可称为"镇馆之宝"的珍稀馆藏，没有多少独特的资源，也缺少深厚的业务传统。后来者如何居上，怎样才能跻身大馆、强馆的行列，就成了摆在深图面前的重要课题。为了把历史的缺憾变成历史的机遇，变弱势为强势，深图走上了技术立馆、技术强馆之路，亦即现代化图书馆之路。

在应用新技术建设现代化图书馆的道路上，深图完成了多个突破性的重大项目：图书馆自动化集成系统（ILAS），联合采编协作网（CRLNet），无线射频识别（RFID），以及城市街区24小时自助图书馆（SSL）。从中不难窥见全国图书馆经历的现代化轨迹，以及蕴含其中的现代图书馆理念及人文关怀精神。

(1) 图书馆自动化集成系统（ILAS）

图书馆自动化集成系统（Integrated Library Automation System，简称ILAS）。ILAS是1988年文化部下达的重点科研项目，由深图负责开发研制。当时从全国各地图书馆先后抽调了数十名业界精英到深圳会战，后来这些人很多成为深图技术和管理上的骨干。二十多年来，ILAS从1.0到5.0，又相继发展了ILAS-Ⅱ、d-ILAS（ILAS-Ⅲ），以及公共版、大学版、企业版、小型版、Big5版、Unicode版，以及相关的LACC（集中采编）、UACN（联合采编），已经成为适合各种需要的图书馆自动化系列产品。开发、研制和推广ILAS，筚路蓝缕，艰苦奋斗，成为深图历史上浓墨重彩的一页。

ILAS是中国图书馆自动化的里程碑。可以说，没有ILAS，就没有中国图书馆自动化、数字化的今天。正是ILAS，给国内成百上千的图书馆带来了自动化、数字化的观念和技术，使他们由此走上了现代化图书馆的道路。这里仅举一个非技术的例子。最初 ILAS 的售价只有人民币 5000 元左右，而同时期国际通行的图书馆软件、美国 INNOPAC 系统的价格是 50 万美元，每年还要花 2 万美元的维护费。这个价格是当时国内任何一家图书馆都无法承受的，只是到了 21 世纪之后，才陆续有经济发达地区的公共图书馆和部分著名大学图书馆具备了引进国外系统的经济能力。仅仅在这个意义上，ILAS 也将中国图书馆自动化事业推进了至少 10~15 年。

ILAS 是国产图书馆自动化软件的骄傲，创建了多个"最"和第一。它是国内首个独立开发、具有自主知识产权的图书馆自动化系统。ILAS 的用户有 3000 家左右，这个数字也是世界之最，超过同期国内外同类的图书馆自动化系统。ILAS 问世以来，共获得国家级和省部级的大奖计 11 项，这在全国图书馆界乃至整个文化系统也位居第一，其中包括国家科学技术进步三等奖、国家科学技术进步（推广类）三等奖、联合国 TIPS 系统颁发的科技之星奖等含金量很高的重要奖项，因此有人戏称 ILAS 是"获奖专业户"。

最值得称道的，还不是 ILAS 的技术成果和诸多奖项，而是它成功的产品化进程。在 ILAS 问世的同时，国内也有过类似的研制开发。笔者当时供职的北京大学，就至少研制过三个图书馆软件，其中两个属于学校正式下达的任务，笔者作为课题组成员自始至终参加了这两个项目。课题组是学校从计算机系、计算机所和图书馆当中选派的尖子人才，技术力量绝不比

ILAS 差，研制的成果也具备了相当高的水平。但成果问世后，大家只热衷于报奖项、分奖金、评职称，软件束之高阁，无人问津，就是在北大图书馆也没有正式应用。而 ILAS 则迅速完成了产品化的进程，并及时推向了全国乃至海外。所以说 ILAS 的成功很大程度上是产品化的成功，又靠产业化推动自身的不断发展，这无疑受惠于深圳经济特区特有的观念、制度和政策。

(2) 联合采编协作网（CRLNet）

联合采编协作网的正式名称为"地方版文献联合采编协作网"，英文名称为 China Regional Libraries Network，简称 CRLNet。从实际运作上看，英文名称更合乎其实质，因为协作网创建者的着眼点始终是各地方图书馆在书目数据上的整体合作，而不是局限于什么"地方版文献"。

CRLNet 的创建者是深圳图书馆、湖南图书馆、福建省图书馆、上海图书馆、天津图书馆、辽宁省图书馆等六家图书馆。实际上深图是真正的首创者、组织者和执行者，也是全国的书目数据中心和数据质量控制中心。

事情的起因在于业界面临的共同难题。大家知道，图书馆的核心业务之一就是图书编目，编目的结果，过去是卡片式目录，计算机化之后是机读目录（MARC）。各个图书馆都在为完成编目任务而疲于奔命，却无法有效利用他人的成果，也无法将自家的数据与他人共享，书目数据难以互相利用，全国的图书馆实际上都在下大气力重复同样的工作。

这个道理简单而明了，却由于行政体制等原因，在中国就是无法有效实施。当时国际上已经有了行之有效的联合编目模式，例如美国的 OCLC（图书馆联机计算机中心）模式，可资借鉴，为我所用。于是在深图的倡议下，六家图书馆一拍即合，于 2000 年在深圳开会，签订了协议，当年 12 月 CRLNet 正式开通。如今，CRLNet 已发展了香港、广西、浙江、广州、北京、吉林、黑龙江等多家单位成员馆，形成了一个超过 200 万条记录的网上书目数据库。据统计，数据覆盖率回溯数据可达 90%，新出版图书可达 70%。

现在看来，CRLNet 已经完成和超额完成当年预期的目标。首先，按照国际先进的理念和通行的模式，突破了多年的瓶颈，建立起平等协作、互利互惠、实时上载下载并由执证编目员控制质量的一整套制度和技术保障，形成了美国 OCLC 之外最大的中文编目网和中文书目数据库，而且很长时间里在全国速度最快、效率最高。其次，从实际功效上看，解决了成员馆的编目难题，实现了书目资源的共建共享。仅以深图为例，编目数据中有 90% 是由 CRLNet 提供的。要知道，与 2000 年 CRLNet 建立时相比，深图的购书经费增长了 5 倍多，可以说，如果没有 CRLNet 的支撑，就无法完成如此骤增的工作任务。

正是由于这些原因，CRLNet 在 2005 年荣获了文化部首届"文化创新奖"的殊荣，这也是该年度唯一获奖的图书馆项目。CRLNet 与 ILAS 不同，后者只是一个图书馆的内部工作系统，旨在完成图书馆的书目数据编制任务，不大可能有突出轰动的社会效应。这项文化系统的最高荣誉授予了 CRLNet，说明了社会各界对这项成果的高度认可与充分肯定。

(3) 无线射频识别 (RFID)

无线射频识别,即 Radio Frequency Identification,简称 RFID,亦称电子标签。从技术上讲,RFID 是一种非接触式的自动识别技术。大家知道,原来图书文献是凭借条码扫描进行电脑识别的,采用 RFID 技术就是要转换成新的标识系统。近年来,RFID 在物流等多个领域得到了较多使用,有着广阔的应用前景和良好的发展势头,但在图书馆领域应用的时间并不算长。深图是国内首家大规模全面应用 RFID 技术的大型综合性图书馆,可以说,RFID 在国内的应用历史是从深图开始的。

正因为是首家,就难以避免首家的烦恼。大约在 2002 年前后,深图新馆应用 RFID 的问题就被列入日程,决策却颇费踌躇。因为当时在图书馆使用 RFID 还属于非主流,不光国内尚无先例,在国外也不多,且大多为中小型图书馆,诸多的大馆、名馆都没有使用。深图的管理者及业务、技术骨干对此也不熟悉,基本上是从头学起的。一旦决策失误,使用失当,不仅 2000 万设备预算打了水漂,全馆的整个业务管理和馆藏体系也会打乱,后果不堪设想。经过多次考察、论证,最后深图管理团队下决心上马,并在 2006 年 7 月深图新馆试开馆时全面启用。RFID 在深图的应用取得了巨大成功,事实证明,当初决策是正确的,是有远见的。

RFID 技术在深图的成功,主要表现为三个方面。

首先,开创了 RFID 技术向图书馆应用专业化转变的新局面。RFID 本不是为图书馆度身定做的,需要一个适应图书馆"水土"的过程。这点很像当年 IT 走进图书馆,开创了图书馆自动化、数字化的新领域。深图创造性地应用 RFID 技术促进了这种转变，同时也利用 RFID 实现了许多业务上的创新，其中很多都是独创，绝不仅仅是条码的替代品。

其次，开发了"文献智能管理系统"。这一系统的研制与应用，使全馆上百万以开架方式为主的传统文献得到了高效的管理和应用，使得在原来条码识别管理下无法解决的难题，如文献定位导航、减少错架乱架、实现精确典藏等，都得以圆满实现。其中不乏首创，如排架方式的革新，研制了智能书车等。这就实现了当年应用 RFID 的初衷：不仅仅将其视为条码的代用品，不是为应用而应用，而是作为契机和手段，创造性地打造智能化的环境，让全社会受益，让读者受益，让全馆业务工作和管理工作受益，为今后发展奠定基础。

再次，开创了以自助服务为主的服务模式。这是深图对外服务中最为彰显的一种嬗变，乃至形成了深图的服务特色。自深图新馆开放以来，以 RFID 技术为依托的自助服务模式和各种自助服务设施受到了读者的热烈欢迎。深图新馆开馆后，外借量骤增，日均约计 1.2 万册，周末高峰时曾达 3 万册，如此巨量的工作有 95% 是由自助外借设备完成的，而几乎所有的还书量都是通过自助方式完成的，还有自助还书设备在图书馆门外 24 小时工作。可以想象，如果没有自助借还模式和自助服务设施，每日上万的读者在服务台前排队借还书，会是怎样不堪的局面。

RFID 技术在深图的创造性应用还产生了又一个更为重要的成果，就是"城市街区 24 小时自助图书馆系统"（SSL）。

(4) 城市街区 24 小时自助图书馆（SSL）

深图研制开发自助图书馆的工作始于 2006 年年底。自助图书馆全称是"城市街区 24 小时自助图书馆系统"，这本是文化部立项课题的名称，后来就这样沿用了。许多同行和媒体喜欢将其称为"图书馆 ATM"，但项目负责人曾多次表示反对，因为 ATM 的意思是 Automated Teller Machine（自动柜员机），听起来像是冷冰冰的机器（Machine），这不是研制的原意和追求。究其本意，应该是建立人性化的、有人情味儿的、具备图书馆各种功能的、活色生香的图书馆。后来为其拟定的英文名称是 Urban Neighborhood: A Self Service Library（都市街邻：自助图书馆），简称 SSL，较好地体现了研制者的初衷。

什么是"城市街区 24 小时自助图书馆系统"？可以做如下简单的描述：它以人文关怀为主导，以服务创新为目标，集成了 RFID 技术、图书传输自动控制技术、图书分拣自动控制技术、数据通信和数据处理技术，以及相关的安全技术和生产工艺于一身，是人性化、数字化、智能化与传统图书馆的完美结合。该系统实行不间断工作，使全市读者均可享受到 24 小时的图书馆服务。

具体讲，自助图书馆主要由自助服务机、图书馆服务与监控中心系统和物流管理系统等三部分构成，其核心设备是自助服务机。

在自助服务机上，几乎具备了图书馆全部的服务功能：

——申办新证。读者可通过第二代身份证自动进行识别，存入借书押金后，即可办理图书馆读者外借证，不需外借则不必存款。全部过程不到 10 秒钟。

——自助借书。持证读者可以凭证借取自助服务机书架上的所有图书，如同在图书馆内借书一样。

——自助还书。读者在图书馆借的书，或在自助服务机借的书，均可以归还到任何一个自助服务机。所还图书实行自动分拣，分类送达。

——预约服务，包括提出预借请求和按照预约通知取书，可以预借目录中的馆藏文献，并在规定时间在全市任何一台读者指定的服务机中取书。通过这一途径，读者可以不受服务机藏书数量的限制，直接利用深图的藏书和全市各图书馆的馆藏。这样就解决了自助机存书数量较少带来的种种不足。

——查询服务，包括本机和全市各服务机目录查询、深图馆藏目录查询和读者信息查询（包括读者基本信息、外借情况、欠款、预借文献等），以及作为终端直接读取馆藏数据库。

图书馆服务与监控中心系统支撑自助机的后台运作，可实时跟踪每台自助机的运行状态，当出现图书和读者证不足、还书箱和钱箱已满、自助机故障或遭到破坏时，都会做出响应，自动通知物流管理人员及时解决。物流管理系统承担自助图书馆的图书配送和日常管理工作，由中标的物流公司配备专门的流动书车来实现文献适时配送。

自助图书馆的问世，首先得益于深图长期以来坚持的技术领先的方针。深图自从建馆以来，就坚持走技术立馆、技术强馆的路线，逐渐形成了强项和优势，并成就了一支过硬的技术团队，其中不乏卓越人才，其特点是对各种新技术敏感，又充满热情。

从技术上讲，深圳自助图书馆的直接技术起源是无线射频识别（RFID）技术的应用。RFID 历经波折在深图上马后，效果出乎意料的好。新馆开馆后，各种基于 RFID 技术的自助设备大显神通。随着 RFID 在深图的应用逐渐得到业界的认可，国内和港澳图书馆因之效法的也多了起来，由此萌生了研制自助图书馆的创意。所以说，RFID 是自助图书馆问世的技术前提和技术基础，也是自助图书馆存在和发展的技术环境。

比技术问题更为重要的，是树立人文关怀的理念。如前所述，研制者理想中的自助图书馆绝不是"机器"的概念，而更像是一位活生生的馆员，慈眉善目，憨态可掬，热情周到，全知全能，除了借书还书，还可以办证、咨询、检索、收取押金、办理预借业务、查检各种数据库；同时，还要体现出现代化图书馆的特征，用先进技术服务市民，通过一台自助机，即可利用深图几百万的资源乃至全市图书馆的几千万资源。这些目标后来都通过各种技术手段实现了。从根本上说，自助图书馆不是为技术而技术、为创新而创新的，不是要"显摆"、"嘚瑟"什么，而是在尽公共图书馆应尽的社会职责，做公共图书馆分内应该做的基本服务，进而彰显公共图书馆人文价值观。

深圳图书馆研制开发自助图书馆的进程大致如下：

2006 年年底，研制工作启动；

2007 年 3 月，列入《深圳市建设"图书馆之城"（2006～

2010)五年规划》；

2007年6月，列为文化部科研项目和深圳市重点文化建设项目，正式定名为"城市街区24小时自助图书馆系统"；

2007年12月，选定深圳市海恒智能技术有限公司为项目合作伙伴；

2008年4月，首台自助图书馆服务机问世，并通过文化部组织的专家验收；

2008年年底，首批10台服务机投入运行；

2009年4月，40台服务机投入运行；

2009年10月，获第三届"中国文化创新奖"，并被列入"国家文化创新工程"；

2009年12月，文化部在深圳召开了宣传推介自助图书馆的全国会议；

2010年，获文化部第十五届"群星奖"。

现在深圳已投放运营自助图书馆200台，计划"十二五"期间再增加200台，届时将达到400台。在深圳之外的其他城市及海外，据保守估计，已投放运行的自助图书馆应不少于200台，分布地区至少有北京、上海、广州、沈阳、鄂尔多斯、西安、郑州、马鞍山、杭州、贵阳、厦门、福州、昆明、台州、三亚、香港、澳门、中国台湾以及英国、法国、韩国等国。

展望深圳街头，现有200台自助图书馆在深圳城乡运行，透迤而有仪，已经成为一道亮丽的城市文化风景线。曾有一位女市民动情地对深图的工作人员说，自己在深圳发展不顺利，正在考虑回老家,但使用了自助图书馆这样便民服务设施,而其他地方都没有,就改变主意不走了,留下做一个深圳市民。自助图书馆项目问世后得到过多次领导表彰和各种奖项,但这位女市民的夸赞却更令研制者们倍感荣耀,从中切实感受图书馆做了应该做的事情,尽了其社会责任,体现出现代图书馆的社会价值。

八 附录

附录1 公共图书馆宣言

国际图联/联合国教科文组织(1994)

社会和个人的自由、繁荣与发展是基本的人类价值。只有充分知情的公民具备了行使民主权利和发挥积极作用的能力,这些价值才能得以实现。公民对民主的建设性参与及民主的发展,依赖于良好的教育以及对知识、思想、文化和信息自由且不受限制的利用。

公共图书馆是其所在地区的知识入口,为个人和社会团体的终生学习、独立决策和文化发展提供基本条件。

本宣言宣告:联合国教科文组织坚信公共图书馆是教育、文化和信息的有生力量,是孕育人类内心和平与精神财富的重要机构。

联合国教科文组织因此鼓励国家和地方政府支持并积极参与公共图书馆的发展。

公共图书馆

公共图书馆其所在地区的信息中心,为用户提供便于获取的各种知识和信息。

公共图书馆的服务以平等利用为基础,不分年龄、种族、性别、宗教信仰、国籍、语言或社会地位,向所有的人提供服务。公共图书馆须为那些因任何原因不能利用常规服务和资料的用户,如小语种民族、伤残人员、住院人员或被监禁人员,提供特殊的服务和资料。

所有年龄的群体都能找到与其需要相关的资料。除传统资料外,还应包括各种适当载体和现代技术的馆藏服务。高品质、适合当地需求和条件是基本的要求。资料必须既反映社会的当前趋势和进展方向,又保留人类奋斗和想象的历史记忆。

馆藏和服务不应屈服于任何形式的出于意识形态、政治主张或宗教信仰的审查制度,也不应屈服于商业压力。

公共图书馆的使命

以下重要使命与信息、读写能力、教育和文化相关,是公共图书馆服务的核心:

1. 从小培养和加强儿童的阅读习惯;

2. 既支持各级正规教育,又支持个人教育和自学教育;

3. 提供个人创造性发展的机会;

4. 激发儿童和青年的想象力和创造力;

5. 加强文化遗产意识,提高对艺术、科学成就和创新的鉴赏力;

6. 提供各种表演艺术和文化展示的途径;

7. 促进跨文化的对话，鼓励文化的多样性；

8. 支持口述传统；

9. 保证民众获取各种社区信息；

10. 为地方企业、协会和利益团体提供充足的信息服务；

11. 推动信息能力和计算机素养技能的发展；

12. 支持和参与针对不同年龄层展开的读写能力培养和计划，必要时主动发起此类活动。

经费、立法和网络

公共图书馆应遵循免费原则。建立和维护公共图书馆是地方和国家当局的责任。公共图书馆必须受到专门立法的支持，必须由国家和地方政府提供经费。公共图书馆应该是所有文化、信息提供、读写能力培养和教育相关长期战略的重要组成部分。

为确保全国范围的图书馆协调与合作，立法和战略规划必须定义并推动一个基于公认服务标准的国家图书馆网建设。

公共图书馆网的设计必须对其国家图书馆、地区图书馆、研究图书馆和专业图书馆，以及大中小学图书馆的关系加以考虑。

运作和管理

必须阐明清晰的政策，以定义与社区需求相关的目标、优先权和服务。必须有效地组织公共图书馆并保持运作的专业水准。

必须确保与诸如地方、区域、全国以及国际用户团体和其他专业人员等相关伙伴的服务。

公共图书馆服务必须能为社区所有成员确实利用。这需要有选址合理的馆舍、良好的阅读和研究设施，以及相应的技术和方便用户的开馆时间。同时还要为不能到馆的读者提供馆外服务。

图书馆服务必须适应农村和城市社区的不同需求。

图书馆员是图书馆用户和馆藏资源之间的能动中介。为保证充分的服务，图书馆员的专业教育和继续教育必不可少。

必须提供馆外服务和用户教育计划，以帮助用户从所有资源中获益。

宣言实施

联合国教科文组织特此强烈要求世界各个国家和地方的决策者、全球图书馆界实施本宣言中所阐述的各项原则。

此宣言与国际图书馆协会和机构联合会（IFLA）合作制定。

（译文选自程焕文、张靖《图书馆权利与道德》，广西师范大学出版社，2007）

附录2　图书馆服务宣言（2008）

（中国图书馆学会七届四次理事会2008年2月15日通过）

图书馆是通向知识之门，它通过系统收集、保存与组织文献信息，实现传播知识、传承文明的社会功能。现代图书馆秉承对全社会开放的理念，承担实现和保障公民文化权利、缩小社会信息鸿沟的使命。中国图书馆人经过不懈的追求与努力，逐步确立了对社会普遍开放、平等服务、以人为本的基本原则。我们的目标是：

1. 图书馆是一个开放的知识与信息中心，图书馆以公益性服务为基本原则，以实现和保障公民基本阅读权利为天职，以读者需求为一切工作的出发点。

2. 图书馆向读者提供平等服务。各级种类图书馆共同构成图书馆体系，保障全体社会成员普遍均等地享有图书馆服务。

3. 图书馆在服务与管理中体现人文关怀。图书馆致力于消除弱势群体利用图书馆的困难，为全体读者提供人性化、便利化的服务。

4. 图书馆提供优质、高效、专业的服务。图书馆充分利用现代信息技术，提高数字资源提供能力和使用效率，以服务创新应对信息时代的挑战。

5. 图书馆开展信息资源共建共享。各地区、各类型图书馆加强协调与合作，促进全社会信息资源的有效利用。

6. 图书馆努力促进全民阅读。图书馆为公民终身学习提供保障，促进学习型社会的建设。

7. 图书馆人与一切关心图书馆事业的组织和个人真诚合作。图书馆欢迎社会各界通过资助、捐赠、媒体宣传、志愿者行动等各种方式，参与图书馆建设。

参考书目

1. 李希泌、张椒华：《中国古代藏书与近代图书馆史料》，中华书局，1982。
2. 谢灼华：《中国图书和图书馆史》，武汉大学出版社，2011。
3. 谢灼华：《谢灼华文集》，中山大学出版社，2014。
4. 吴晞：《从藏书楼到图书馆》，书目文献出版社，1996。
5. 吴晞：《北京大学图书馆九十年记略》，北京大学出版社，1992。
6. 吴晞：《天下之公器》，国家图书馆出版社，2010。
7. 吴晞：《毛泽东与北京大学图书馆》，《图书馆杂志》，1991年第2期。
8. 萧超然等：《北京大学校史》，北京大学出版社，1988。
9. 王子舟：《图书馆学是什么》，北京大学出版社，2008。
10. 查启森、赵纪元：《文华公书林纪事本末》，《图书情报知识》，2008年第5期。
11. 吴晞、汤燕：《燕京大学图书馆纪略》，《北京高校图书馆》,1993年第2期。
12. 潘燕桃:《近60年来公共图书馆思想研究》,中山大学出版社,2011。

后 记

本书为能充分反映业界在图书馆史研究方面的成果,参考和采用了多位当代学者的著述。除作者本人的论著外,全书选用资料最多的是李希泌、张椒华的《中国古代藏书与近代图书馆史料》,采用成说最多的是谢灼华的《中国图书和图书馆史》,本书第七章主要依据王子舟《图书馆学是什么》一书编撰,第六章第四节主要参考了查启森、赵纪元的《文华公书林纪事本末》,第八章部分章节参照了潘燕桃《近60年来公共图书馆思想研究》,这里难以一一列举。依照《中国史话》系列丛书的体例,这些参考文献均在书后列出,文中不再一一标注出处。肃此说明,并向这些论著的作者致以由衷的谢意。

吴 晞

2014 年 8 月于深圳前海零丁洋畔

史话编辑部

主　　任　宋月华

副 主 任　黄　丹　杨春花

成　　员　(以姓氏笔画为序)
　　　　　王　和　王玉霞　刘　丹　孙以年
　　　　　连凌云　范明礼　周志宽　高世瑜

行政助理　苏运才

图书在版编目(CIP)数据

图书馆史话/吴晞著.—北京：社会科学文献出版社，2015.2（2020.6 重印）
（中国史话）
ISBN 978-7-5097-6798-6

Ⅰ.①图… Ⅱ.①吴… Ⅲ.①图书馆史-中国 Ⅳ.①G259.29

中国版本图书馆 CIP 数据核字（2014）第 267307 号

"十二五"国家重点图书出版规划项目

中国史话·文化系列
图书馆史话

著　　者 / 吴　晞

出 版 人 / 谢寿光
责任编辑 / 于占杰　周志宽

出　　版 / 社会科学文献出版社·史话编辑部（010）59367215
　　　　　地址：北京市北三环中路甲29号院华龙大厦　邮编：100029
　　　　　网址：www.ssap.com.cn
发　　行 / 定制出版中心（010）59366509　59366498
　　　　　市场营销中心（010）59367081　59367083

印　　装 / 三河市尚艺印装有限公司
规　　格 / 开　本：889mm×1194mm　1/32
　　　　　印　张：6.625　字　数：139千字
版　　次 / 2015年2月第1版　2020年6月第2次印刷
书　　号 / ISBN 978-7-5097-6798-6
定　　价 / 25.00元

本书如有印装质量问题，请与读者服务中心（010-59367028）联系

▲ 版权所有 翻印必究